ラカン 患者との対話

症例ジェラール、エディプスを超えて

Kobayashi Yoshiki
小林芳樹＝編訳

人文書院

目次

ラカン　患者との対話——症例ジェラール、エディプスを超えて

プロローグ

精神科医や臨床心理士は患者が話したことに注意を払うのに対して、精神分析家は患者が話さなかったことに関心を抱く。

自我心理学や発達心理学、認知行動療法においては精神科を受診する患者は自我が弱いのであって、治療とはそれを強化し、社会に適応できるいわば普通のレベルにまで成長させることにあるとするのに対して、ラカン派精神分析では精神科の患者の自我＝自己イメージはむしろ強すぎるのであり、その自我によって自分が疎外されているのだと考える。一九五〇・六〇年代、構造主義的精神分析家時代のラカンは「フロイトへ戻れ」のテーゼを掲げ、精神医学や自我心理学ではなく、フロイトの天才によって創出された精神分析実践の原点に立ち返る必要性を一貫して説いた。その中でラカンがとりわけ強調したことが二つある。

まず一つ目は、患者の話す言葉に細心の注意を払えということである。操作的診断ＤＳＭ（Diagnostic and Statistical Manual of Mental Disorders　精神障害の診断・統計マニュアル）に象徴されるような現在流行の生物学的精神医学においては、人格障害や発達障害を初めとして○○障害という診断名が付せられるのが常であるが、この障害という言葉は行動主義心理学に由来している。一九五〇年代は行動主義心理学が精神科臨床の場面で応用され始めた時期でもあり、ラカンは冒頭のテーゼ（フロイトへ戻れ）によって、行動面から患者の病態を把握していこうとする方法論に対して警鐘を鳴らしていたのである。行動主義心理学においては動物と人間を分かつ最たるものである言語という要素が排除されているが故に、最終的には精神科の患者と動物が同列に扱われることになりかねない事態をラカンは当時から憂慮していた。

それから半世紀が経過した精神科臨床（特に、USA、イギリス、日本）の現状はどうであろうか。精神科医や精神医学者たちの関心は、患者の病歴やその発する言葉にではなく、動物種一般の脳に集中している。彼らも人間の脳と他の動物種の脳を同列に扱っているわけではないのであろうが、しかしこの発想からは患者一人一人の個別性という概念は完全に排除されている。なぜなら精神医学者達がA氏の脳、B氏の脳などと一々区別しながら人間の脳の研究は行わないからである。これに対してラカン派精神分析は、人間の脳ではなく、一人一人の患者の言葉、声量、抑揚などを手掛かりにして各人の歴史の再構成を目指す。ラカンの理論は、決して紙と鉛筆と彼の脳によってのみ生み出された、いわば他者の排除された自閉症的な成り立ちでは決してない。彼は患者との間の言語を介した転移関係を軸に据えて、精神分析の言説を構築していったのである。

冒頭のテーゼの意図するものの二番目は、エディプス・コンプレックスや去勢の概念を精神分析理論の要として再認識しなければならない、ということである。

ラカンによると、フロイト理論におけるエディプスや去勢の概念において重要なことは、母と子の近親相姦的二者関係、前エディプス関係において母の欲望に対して従属している子供をそこから解放し、他者に対して理解可能な言語を語る社会的主体として生成させ、異性愛を可能にすると同時に、現実感を与えるファルス機能、を授ける父の機能である。翻って見ると、あまたの精神分析理論においてこの父の機能を強調しているのは、確かにフロイトとラカンのみである。他の学派においては、父ではなく子に愛情を惜しみなく注ぐ母にその注意は集中する。これに呼応するようにそれらの精神分析実践においては、分析家と患者の転移－逆転移関係という二者関係の議論に終始するが、この原型は母と子の二者関係にある。

エディプス・コンプレックスや去勢概念に拒絶反応（去勢の否認という倒錯的反応であるように思われる）を起こし、欧米諸国と比較して母子関係がより濃密である甘え社会の本邦においては、当然予想されるようにフロイトやラカンの理論ではなく、転移－逆転移理論が主流であった。実際にラカンも言っているように、フロイトのエディプス理論は、ユダヤ－キリスト教の一神教の伝統を持つ社会において最も妥当し、それ以外の文化圏においては等しくその価値を持つ普遍的なものとは限らないと言っているわけであるから、本邦での上記の反応は理のないことでもない。しかし程度の差こそあれ、子を母の欲望に対する従属関係から解放し、社会的主体へと変貌を遂げさせる手助けをする父の機能の重要性が日本において失墜する訳がない。

本書では、ポストモダン、すなわち西洋社会において父なるものの権威の失墜が決定的となりつつあった一九七〇年代にラカンが、父の機能を保持しながらエディプス理論に代わって新たに創出したボロメオ理論について重点的に解説を行うが、これこそが日本における精神分析を考える上で極めて示唆に富む理論であると筆者は確信する。

本書は、ラカンが一九七六年二月にサンタンヌ病院の病者提示において出会ったジェラールという二六歳の男性患者の診察記録とその解説を軸に展開していく。病者提示とは、シャルコー以来のフランス精神医学界の伝統で、事前登録した参加者（必ずしも臨床家ばかりとは限らない）を前にして、精神科医師が行う公開診察のことを指す。

ラカンは一九四一年、四〇歳の時に精神分析のキャビネを個人開業して以来、精神病院での勤務歴はない。しかし、一九五〇年代から一九八一年に彼が亡くなる直前まで行われていた、あの有名なセミネールと平行して行われてきたのが、パリ・サンタンヌ病院における病者提示であった。その診察は一回きりのものであるために、通常の精神分析のセッションとは異なり転移の問題を扱うことはできない。しかし、フロイトがその精神分析理論の対象として主に神経症者を扱ったのに対して、ラカンはさらに精神病をも射程に入れて実践を行い、理論を構築していった。その意味で、神経症的構造を持ちかつ精神分析家になりたいという欲望を持った人々が多く集まってくるキャビネとは異なり、より重症の精神病の患者が多く入院している精神病院で病者提示を定期的にラカンが行ってきたことが、彼の理論形成に重要な影響を与えてきたということは容易に理解されよう。

本書で紹介するジェラールの症例はまさにその好例であり、ラカンが行った精神分析及び病者提示のうち唯一記録が残っている極めて貴重な事例でもある。さらに、一九七〇年代のいわばポストモダンのうねりの中、ラカンはそれまで展開してきたエディプス・コンプレックスや去勢概念、父やファルス機能を中心に据えた構造主義的精神分析、フロイト的精神分析から、位相幾何学的精神分析、ラカン的精神分析へとシフトしていくが、ジェラールの症例はそのまさに節目に位置し、当時のラカンが理論の創造を進めていく上での重要な発想源となっていたことが、本書を読み終わるころには理解されていることであろう。

本書は全四幕から成る。

第一幕では、患者ジェラールのそれまでの生い立ちと病歴を紹介したのち、約一時間に渡るラカンによる患者のインタビュー記録の翻訳を掲載している。第二幕では、その対話および本書全体を理解する上で必要不可欠なラカン理論の解説を行い、第三幕では、第一幕で見たラカンの患者への介入の意図や、精神分析的解釈の解説を行っている。最後に第四幕では、現実感の喪失に着目しながら、現代におけるラカン派のトピックス――普通精神病と自閉症――について述べた。この二つの事例においてはいずれも、こだわりという症状が目立つが、その成り立ちは全く異なる。一九七〇年代の症例ジェラールの延長線上にある普通精神病と、自閉症の違いを理解することで、本書が現代の、特に本邦におけるラカン派精神分析実践を考える上で重要な意味を持ちうることが把握されるであろう。

患者の発する言葉のみに着目し、その人生を扱うことに妥協のない人生を送ったラカン。そのラカンにとって、ジェラールの人生はどのように映ったであろうか？　そろそろ、開演の時である。

第一幕　対話編——ラカンと患者の対話

（ここでは、ラカンが患者ジェラール・ルカ［Gérard Lucas］のインタビューの前に伝えられていたものと同じ情報が読者にまず提示され、ラカンと患者の対話の一部始終がそれに続く。ジェラールの生い立ちは、主治医のマルセル・ツェルマクによる記述をもとに小林がまとめた。対話中の丸カッコは訳者による補いである。）

1　患者ジェラールの生い立ち

二六歳、ＩＱ二〇〇、ギリシャ彫刻を彷彿とさせるような美青年。同胞なしの第一子。

高等数学、物理、心理学を専攻するが、いずれも中退。

七歳頃に、荒廃した城を中世に訪れるという夢を見て、さらにそれよりも以前にその城に住んでいたという夢を同じ夢の中で見る。輪廻転生は存在する、という確信とともに覚醒したという。

一二歳の頃、自慰行為の果てに幽体離脱に似た感覚を経験。

一五歳時に、学校での奇行、怠学、教師や父親に対する被害妄想が顕著となり、彼の精神症状が家族の知るところとなる。反抗的なジェラールの態度を持て余した両親の強い希望で、H教授の精神科外来初診。父親は製薬会社専属のセールスマンで単身赴任、週末のみ自宅に帰省する生活で、基本的にジェラールは母親と二人暮らし。彼の母親は極めて不安感が強く控えめで無口で周囲の影響を受けやすく、真に情緒的な交流というものは彼女には存在しなかった。ジェラールの父親が帰省するたびに夫婦喧嘩が絶えず、家庭内は常に張りつめた不安に満ちた雰囲気であった。その年に彼は留年する。

同時期より美貌に対する執着がエスカレートし、時折母親のファンデーションで自らの顔に化粧を施すようになった。試験に集中できず、一次方程式すら理解できなくなり、「頭脳が機能しなくなった」と言って授業中に泣き出すこともしばしばであった。

翌年バカロレアを受験するが口頭試問で失敗し、不合格となる。同年、基礎数学の再履修となるが、数か月間は抑うつ状態にて自宅に引きこもっていた。

一七歳時（一九六七年）にバカロレアで基礎数学に合格。間もなく知り合った当時教員実習生であった女性ニコル・Pと三か月後に失恋。抑うつ状態が悪化し、高等数学の履修が開始するも、勉学を続けることが次第に困難になる。一九六七年一一月から翌年六月にかけては、バカロレアで哲学に合格し、高等数学を再履修するが、結局挫折した。当時彼が憑りつかれていた精神と身体を巡る問いは以下のようであった。

「いかなる瞬間に身体は精神に回帰し、精神は身体に宿るのか？　私は細胞で構成されているが、どのようにして生物的な事態が精神的なそれに移行するのか？　脳神経の相互作用、ホルモンの発達、自律神経の発達からいかにして思考は形成されるのか？　生物学によると脳波が存在するのだから、結局思考や知性は外部に向かって放出される一種の電波のようなものなのだ。」

一八歳頃からは自分がニーチェやアルトーの生まれ代わりであると信じるようになる。一九歳頃より、「自分の性器が縮んでいって、ついには女性になるような感じ」を抱くようになり（彼は元々自分の性器が卑小なものであるというコンプレックスを抱いていた）、化粧をする頻度も、毎日に増えた。

一九歳時（一九六九年三月）にS病院に一五日間入院（主治医はG医師）。退院後精神状態は再び悪化し、C病院に一九六九年九月から翌年七月まで入院。入院中は、女性患者（一七歳時に失恋したニコル・Pによく似た知的な美人D・N）に対する恋愛妄想が出現。恋愛妄想を示す本人の陳述が以下の通り。

「私はD・Nさんと極めて純粋な恋に落ちました。彼女の身体は実に美しい。私は美に魅せられて、女性とプラトニックな恋愛に陥る傾向があります。私は耽美主義者です。私は美的感覚に支配されている、永遠に感動している子供のように。私は恍惚として目を見開き、（後略）。」

実際にD・Nとジェラールの交際は約二年にわたって続いた。また当時彼は、純真無垢で美しい聖処女の幻視を経験した。その後も勉学は継続し、数学物理や心理学を専攻するも再度挫折した。

二四歳（一九七四年）頃から、考想伝播（自分の考えがテレパシーによって他人に聞かれる）が出現し、考えや声が押し寄せてくるようになり、思考が途絶しあるいは多弁で適切に話すことができなくなる。意志とは関係なしに勝手に押し寄せる考え（自生思考）は突如として現れ、言語新作的であったり、暗号文のようであったり、謎めいていたり、断片的な文であったりする。彼は頭の中で声がこだまする感覚を抱いていた。それらの声は彼自身が実際に発する言葉を否定することしばしばであった。これら押し寄せる言葉に、彼自身で考えた文章（内省思考）を「しかし」で繋いで対置する。

・自生思考の例

知的でみっともない変人／一種の人間のくず／灰色の鳥は二つの乳房を持っている／卑劣なユダヤ人戦士／ろくでもない君主制度／私は青い鳥と灰色の鳥を殺した／違反が関わることとは……／それは無政府制度だ／彼らは私を殺したがっている／私は犯された

・自生思考と内省思考の例

青い鳥たちは私を殺したがっている（自生思考）が、しかし愛は滅びない（内省思考）

青い鳥たちは私を馬鹿にするだろう（自生思考）が、しかし冗談はくだらないものではない（内省思考）。

卑劣なassastinat政治（自生思考）だが、しかし効果は決定的だ（内省思考）

D氏はやさしい（自生思考）が、しかし私は狂っている（内省思考）

自生思考や幻聴自体にも音韻的言葉遊びが含まれている。

［例］

sale assassinat politique（卑劣な政治的暗殺）　sale assistanat politique（軽蔑に値する政治的援助）

これに対してジェラールは、それらを上回るべく言語新作を意図的に行いながら空想話や詩を紡いでいく。

① 語を分解し、各部分を音素のよく似た語に変換し、全く別の意味を持つ語に創りかえて空想話を創出することによって、病的体験への対抗を試みる。

［例］

Gérard（ジェラール：彼の本名）＝Geai（カケス：カラス科の鳥）＋rare（珍しい）↓ 現実の世界では彼はジェラールという名前であるが、珍しいカケスに関する空想話を意図的に創出する。

Le "Rideau Cramoisi"（真紅色のカーテン）＝Riz d'ocre a moisi（黄土色の米がかびた）↓ ここから、自宅にいる女優が、自分に衣装を着せようとしている衣類整理係に向かって「黄土色の米がかびたわ」と言っている空想話中のシーンが創出される。

② 縮約語を新作し、それを題名とする詩作を行う。

［例］

vénus（ヴィーナス）＋ mercure（マーキュリー）→ vénure

écrasé（ぺちゃんこになった）＋ éclaté（ぎざぎざの）→ écraseté

choir（落ちる）＋ choix（選択）→ choixre

しかし結局、精神病の進行を内省思考や言語新作を用いた詩的・空想世界の創出のみでは食い止めることができず、妄想は誇大化（「フランスをファシズムから救わねばならない」「宇宙の統一理論を発見した」など）、恋愛妄想も持続し、精神病院への入退院がくり返されるようになった。そして遂に、「皆に自分の考えていることがテレパシーによって聞かれてしまう」という感覚や幻聴に耐え切れなくなり、一九七五年一二月に自宅で向精神薬の大量服薬による自殺を図り、パリ・サンタンヌ病院に入院となった。

2　対話記録（一九七六年二月一三日　於パリ・サンタンヌ病院）

L（ラカン）　君、ここへおかけなさい。あなたはとても高い関心によって迎えられました。我々はあなたの事例にとても関心があると言っておきたい。あなたはツェルマク氏およびD氏とお話しされ、多くのことが徐々に明らかになってきました。私にも話して下さい。あなたに発言させない理由などありません。自分に何が起こったのかよくご存じでしょうから。

G・L（ジェラール・ルカ）　自分のことがよくわかりません。

L　自分のことがよくわからない？　どういうことなのか、説明して下さい。

G・L　私は言語という観点で、言語のレベルで分裂していて、夢と現実との間で分裂しています。私の想像の中では、それら二つの世界は全く同じ価値を持ち、（夢の）世界といわゆる現実世界の一方が優勢ということはありません。それらは別々に存在しているのです。私は絶え間なく空想を働かせています。

L　あなたの名前について教えて下さい。というのもジェラール・Lというのは……

G・L　そうです、私はレーモン・ルーセル（一八七七〜一九三三。フランスの作家。前衛的な作品は後のシュルレアリスムに影響を与えた）を知る前に、（自分の名前を）分解し、再発見したのです、当時私は二〇歳で高等数学を履修していました。以来、物質的な事柄に興味を持ち、知性の上層－下層についてさかんに議論しました。言語との関連で言うと……言語は上層－下層を示し得ます。例えば、私の名前に関して言うと、Geai（カケス）とRare（珍らしい）に分解しました。

L　珍しいカケス……

G・L　Luc-As. 私は、少し遊びのつもりで分解しました。私は創造のつもりで分解したのです。私はレーモン・ルーセルの仕事を知りませんし、それはやや……私があなたに言わなければならないこととは、つまり……

L　つまり何でしょう？　あなたに起こること……あなたが話し声と呼ぶ、あなた自身でおっしゃった、押し寄せる声とあなたが呼ぶもの、それはどのようなものでしょうか？

G・L　押し寄せる声とは、私の知性にいやおうなく押し寄せるものであり、（その内容は）いわゆる意味をまったく成しません。それは勝手に浮かんでくる言葉であり、反省を加えられたりすでに考えられたものではなく、勝手に浮かんでくる性質のものであり、無意識というものを表しています。

L　続けて下さい。

G・L　私がまるで操られているかのように勝手に浮かんでくる、……操られてはいないが、いや、自分で説明できない。あなたに説明することが全くできない。問題を、勝手に浮かんでくるということを、はっきりさせることができない。私はその勝手に浮かんで来るということがいかにして到来し、私の頭脳に押し寄せるのか、分からない。それは突然訪れるのです「貴方は青い鳥を殺した」「それは無政府組織だ」……言葉は普通の言語における理にかなった意味を全く持たないのだけれども、私の頭脳、知性に押し寄せるのです。

それと同時に、一種の均衡も存在します。Dという名の医師がいますが、押し寄せる声は「D氏は優しい」と言うのに対し、私は私自身で考えた言葉で均衡を取り、押し寄せる言葉と私自身で考えた言葉とを区別することでバランスを保ちつつ、こう言います。「しかし私は、狂っている」。すなわち、「D氏は優しい」が押し寄せる言葉で、「しかし私は、狂っている」が考えられた言葉、という訳です。

L　他の例を教えて下さい。

G・L　とりわけ私は時々とても臆病でとても攻撃的になります。私は時々……

L　攻撃的、とはどういうことでしょう?

G・L　説明した通りです。

L　あなたが攻撃的には見えませんが。

G・L　他人と繊細な関係を持つと、心の中では密かに攻撃的になるのですが……。これ以上うまく言えません……

L　うまく言いかけていますよ。どのようにして、そうなるのですか？

G・L　私には補償する傾向があるのです。私は攻撃的ですが、しかしそれは物理的にではなく心の中でです。私は押し寄せる言葉に応じて補償する傾向があります。うまく言えないのですが、(そのことに) たった今気が付きました……。私には押し寄せる言葉を補修しようとする傾向があるのです。私には攻撃的な言葉が押し寄せてくる一方で、皆やさしく、美しいと思う傾向もあるのです。

L　あせらず、ゆっくりとその点を検証してください。

G・L　色々なレベルの声が聞こえます。

L　なぜ、それを声と言うのですか？

G・L　なぜなら私はそれを聞くからです、心の中で聞くからです。

L　なるほど。

G・L　したがって私は攻撃的であり、人々の声を心の中でテレパシーを介して聞くのです。あなたに少しだけ説明したように、私には時々意味のない考えが勝手に浮かんでくるのです。

L　例えば？

G・L　「青い鳥が私を殺そうとする」「それは無政府組織だ」「それは政治的暗殺（assassinat）だ、政治的な assastinat だ」。assastinat は暗殺（assassinat）と援助（assistanat）が縮約されたもので、暗殺（assassinat）という概念を想起させます。

L　誰がその概念を想起させるのですか……。話して下さい、誰もあなたを殺さないでしょうに。

G・L　そう、私は殺されない。無意識裡の補修のようなものについての話を続けます。時々私には言葉が、攻撃的でかつ取るにたらないというよりむしろ無意味な、日常の言葉においては無意味な言葉が勝手に浮かんできます。そして時々私はこのような攻撃性を補修して、全ての人は優しく美しいなどと思う傾向があります。そのようにして私は聖なる人と自分で思う人を福者の列に加え列聖するのです。私にはBという名の同期生がいますが、同様にして彼は聖Bとなります。聖Bとは、勝手に浮かんで来る言葉ですが、私自身は攻撃的な状態にいます。私は常に二つに分離しています。それらは時間の影響下で互いに補い合い、一方は勝手に浮かび、もう一方は検討を加えられるという異なる機序によります。

L　なるほど。それでは、もし良ければ勝手に浮かんでくる言葉について話を進めましょう。いつ頃からそのようなことが起こるようになりましたか？　これは愚問ではありません……

G・L　ええ、決して。そうですねえ……一九七四年三月にパラノイア性妄想と診断をされた頃からです。

L　誰がその、パラノイア性妄想と言ったのですか？

G・L　当時の医者です。それで、勝手に浮かんで来る言葉ですが……

L　なぜ今あなたは、何某のほうを振り向いたのですか？

G・L　彼が私を馬鹿にした気がしたからです。

L　あなたはあざけ笑うような人の存在を感じたのですか？　彼はあなたの視界には入っていませんが……

G・L　私は音を聞きましたし、そして、感じたことというのが……

L　彼はあなたを馬鹿になど決してしていませんよ。私は彼を良く知っていますが、あなたを馬鹿にするなどあり得ない。彼はあなたに関心を持っているのですよ、したがって事態は全く逆です。彼がたてた音もそれに依るものですよ。

G・L　彼の知的な理解の印象は……

L　ええ、彼はあのようによく音をたてます。あなたに言ったように私は彼のことを知っています。のみならず私はここにいる全ての人を知っています。私が完全に信頼しているのでなければ、彼らはここに来させてはもらえません。いいでしょう、続けて下さい。

G・L　他方では、私は発話は言葉を超えて、世の中の力となり得ると考えています。

L　いかにも。考えてみましょう。あなたはたった今話した、いや、あなたの意見を述べられました。実際それはいかにも厄介な事で、どういう事かというと……

G・L　私が日常生活で用いるきわめて単純な言葉があり、一方で想像力の影響を受けた言葉があり、それによって私は現実を、私の周りの人々を分離するのです。それこそが最も重要な点です。私の想像力はもう一つ別の世界を創造し、その世界はいわゆる現実世界と等価な意味を持ちますが、お互いは完全に分離しています。それら二つの世界は完全に分離しているのです。他方では押し寄せる言葉は、時折他人に対して攻撃的に仕向けるような仕方で勝手に浮かんでくるけれども、想像世界といわゆる現実世界の架け橋になっています。

L　なるほど、しかし結局、あなたが、そのつまり完全にそれら（二つの世界）を区別していることに変わりはない。

G・L　そう、私は完全に区別しています、しかし言葉は、想像力の流れは、私が話すこととと知的にあるいは精神的に同じ秩序では成り立っていません。それは、夢、一種の白昼夢、永遠の夢。

L　なるほど。

G・L　私は（想像世界を）創り上げているとは思わない。それら（現実世界と想像世界）は分離しているのですが、そうは言っても……だめだ……あなたに誤解を与え兼ねない。

L　誤解を与えると、あなたは思い込んでいるのですか？

G・L　私は間違えません。発せられたすべての言葉には法と同様の効力があり、またそれらは意味を持ちます。しかし一見したところ、それらは純粋に合理的な意味を持っているわけではないようです。

L　どこであなたはその語句を知ったのですか。全ての発せられた言葉は意味を持つ、という語句を。

G・L　それは個人的省察です。

L　そうですね。

G・L　私はこの世界は分離していることを知っています、いや、そのことを知っているかどうか定かではありません。

L　何が定かではないのですか？

G・L　この世界が分離していることを私が知っているかどうかが定かではありません。私にはわかりません……

L　何が分からないのですか？

G・L　（いや、やはり）夢、想像力によって構築される世界、そこに私自身の中心があるのですが、それは現実世界とは全くの無関係です。なぜなら、私の想像的な世界で、（押し寄せる）声に応じて自分で創り出す世界で、私はその中心を占めるからです。私には一種の小劇場を創り出す傾向があり、そこでは私は一種の演出家、創造主であると当時に演出家でもあるのですが、一方現実の世界においては、私はただ任務を遂行するのみ……

L　そう、そこではあなたは geai rare（珍しいカケス）ではない、仮に……

G・L　はい、 geai　rare（珍しいカケス）は想像世界の中でのことです。Gérard（ジェラール）L、は一般的に現実と呼ばれる世界においてであるのに対し、想像世界では私は Geai Rare（珍しいカケス）Luc as です。as（エース：1、第一人者）という私の名前、それは根本であり、体系化し、効力を持つものであり、一種の……そういうasに基づいて、私は自分の詩の中の一作で、ある一つの言葉を用いました。

L　あなたの詩の中で？

G・L　私は孤立した領域で孤独の只中でした。そのような言い回しが存在しなかったかどうかは知りません。私はごく若いときにその言い回しを知りました、ノヴァーリス（一七七二～一八〇一年。ドイツロマン派の作家）がそれを言っていたと思います。

L　実に正確な言い回しですね。

G・L　私は孤独の只中、一種の神、孤立した領域の一種の創造主のようなものです、なぜならまさにその世界は閉ざされており、日常の現実と折り合いをつけることができません……まさに自慰行為そのもので……結局内なる夢に応じて創り出されるのです。私は自慰行為、とまで言ってしまいましたが……

L　あなたの言われることに依ると、それについて結局どのように考えておられるのでしょうか。問題はまさに以下のことであるように思われます。つまりあなたは、そのように機能する夢があると感じ、結局のところあなたがなんらかの夢の虜になっている、と感じておられるかどうか、ということです。

G・L　はい、少しそのような感じがします。一つの傾向、人生における、そしてさらには……

L　さらには？　言ってごらんなさい。

G・L　疲れました。私は今朝は話す準備ができていません。

L　えっ、どうして？

G・L　なぜなら、私はほんの少しだけ不安だったからです。

L　何が不安だったのですか？

G・L　分かりません。（とにかく）不安なのです。不安もまた、勝手に生じます。人に会うと時々そういうことは起こります。一方、あなたと会って話をするということは、つまり……

L　私と話をすると実際、不安を掻き立てられますか？　あなたは、私があなた自身の不安について、全く理解していないと感じていますか？

G・L　この面談で何か解決されるのかどうか、私には定かではありません。しばらくの間、勝手に起こる不安、純粋に生理的で対人関係とは全く無関係な不安がありました。

L　そうです、それ（不安）があることによって、私はこの人間世界の一員となれるのです。

G・L　ちがう、つまり……私はあなたが怖いのです、なぜなら私は極度にコンプレックスが強いからです。あなたはとても有名な方です。私はあなたに会うのが怖かった。不安になった理由は単純です。

L　よろしい。それでは、あなたにとても関心のあり、ここで（我々の会話を）聞いている人々についてはどのように感じますか？

G・L　重苦しいです。だから私はうまくしゃべることができないのです。私は不安ですし、疲れています、私は普段の私ではありません……

L　わかりました。ところで……一九七四年にあなたを診たのは誰ですか？　あなたに（パラノイア性妄想）と言った人はなんという名前ですか？

G・L　G医師です。

L　G医師は、あなたが初めてかかった精神科医ではありませんよね。

G・L　いいえ、最初の精神科医です。一五歳の時にH教授に診てもらいましたが。

L　誰があなたをH教授に紹介したのですか？

G・L　私の両親です。私は両親に対してとても反抗的で彼らの手を煩わしていましたから。

L　あなたは一人っ子ですか？

G・L　はい、私は一人息子です。

L　あなたのお父さんの職業は何ですか？

G・L　プロパーです。

L　プロパー、とはどのような職務ですか？

G・L　父は製薬研究所勤務で、新薬の売り込みのために医者を訪問する仕事をしています。一種のセールスマンです。

L　所属先は？

G・L　L研究所です。

L　あなた自身もその方向性を考えていましたか？　先ほどあなたは、高等数学の勉強をしていたとおっしゃったので。

G・L　そう、その通りです。Sで（勉強しました）。

L　Abですか？

G・L　Sです。

L　よろしい。あなたの学習状況について少し話して下さい。

G・L　どの学年の時についてですか？　私は常にとても怠惰な学生でした。私には天賦の才能がありましたが、自分の知性をあてにし、努力を怠る傾向が常にありました。高等数学に関しては、私は放棄しました、なぜなら……

L　なぜなら？

G・L　感情面の問題があったからです。

L　感情面の問題があったのですか？

G・L　感情面の問題という悩みの種がありました。一一月に私はSで高等数学の勉強を始め、二か月後に感情面の問題のために挫折しました。そうこうするうちに、私は神経衰弱に陥り、以後高等数学の勉強を断念したのです。

L　あなたが神経衰弱に陥った原因は……

G・L　感情的なうつのせいで……

L　その感情的なうつは誰のせいですか？

G・L　林間学校で出会った一人の少女です。我々は指導員でした。

L　なるほど、それにしてもなぜあなたは彼女の名を明かさないのでしょう。

G・L　N・Pです。

L　よろしい。そういうわけで一九六七年のことなのですね。あなたはどこの学校で勉強したのですか、ここの学校、というようにはっきりさせなければなりません。

G・L　私は怠惰だったのでいろいろ問題がありました、しかし、怠惰なのは病気だからです。私は一五歳以来すでに混乱し、感情的に動揺していましたが、それも両親との波乱に富んだ関係のせいです……私の記憶には空白が生じました。

L　両親とおっしゃいますが、お父さんのことにはすでに簡単に触れられました。お母さんに関してはどうですか？

G・L　私は母親に育てられました、なぜならプロパーである私の父親は地方で仕事をしていたからです。母親はとても不安の強い女性で、とても無口で、私のように、私はとても後ろ向きの性格だったのですが……（彼女は）あまりにも控えめで、夜は……夕食時はあまりにも静かで、母親には真に情緒的な交流というものは存在しませんでした。彼女は不安感が強く、感染しやすい……といってもウイルスにではなく……環境の影響を受けやすいという意味ですが、そういう精神を持っていました。このように、母親はとても不安感が強く異常に感じやすいが故に、父親が帰省の度に夫婦喧嘩が絶えず、とても張りつめた不安に満ちた雰囲気でしたが、私はそういう母親に育てられたのです。私自身も浸透現象による影響を受けとても不安感が強くなったのだと思います。

L　あなたが浸透現象と言う時、その浸透とはどういう意味合いを持ちますか？　というのも、あなたは巧みに区別できるからです、現実と……

G・L　……空想を？

L　そう、それです。何と何が浸透し合いますか？

G・L　何と何が浸透し合っている？　私はまず、現実と呼ばれるものを意識していると思います……そこでは心理的緊張、現実のしかし肉体的レベルの、すなわち身体レベルの不安が生じますが、やがて精神のレベルにも浸透していきます……なぜなら私には問題があるからなのですが、それはつまり、私はできない……少し自覚があるのですが、私は一度主治医に手紙を書きました……

L　どの精神科医にですか？

G・L　G医師にです。かなり以前から、私は（彼に）身体と精神の乖離について話してきました、そして実は……私は取り憑かれていたのですが……今となっては正確な時期は忘れましたが当時私は……。ある種の……（G・Lはうっとりとした表情を浮かべつつ）……一見繋がったり分離したりする電気身体という考えに夢中になっていました。私は、その身体と精神については完全には把握できませんでした。

L　いつの時期のことですか？

G・L　当時私は一七、一八歳でした。私は自分に問いました、どういう瞬間に身体は精神に回帰し、精神は身体に宿るのか、と。私には分かりません。私は、取りつかれました……どのようにして？　……私は、細胞で構成される、あらゆる種類の神経細胞で構成される身体のことばかり考えていたのです。どのようにして生物学的な事態が精神的なそれに移行するのか？　どのようにして、身体と精神とに配分されるのか？　結局、どのようにして思考はニューロンの相互作用を持つのか？　どのように思考は形成されるのか、脳神経の相互作用に基づいて、どのようにして思考はそのニューロンの相互作用から、ホルモンの発達から、自律神経の発達から生じるに至るのか、などなど……私は四六時中考えていました。

L　しかし、我々があなたよりそれを知っているわけでもありませんよね。

G・L　生物学によると脳波が存在するのだから、思考や知性は放出される、外部に向かって放出される一種の電波のようなものだと考えるようになりました。私はその電波がどのようにして外部に放出されるのか分かりませんが、言語は……それは私が詩人であることと関係していますが、なぜなら……

L　あなたは紛れもなく詩人です、はい。

G・L　私が当初試みたことは……

L　あなたは自分で書いたものがありますか？

G・L　はい、ここにあります。

L　どこにありますか？

G・L　病院内にあります。ツェルマク医師からそれをここに持参するようにと言われましたが、結局私は（書き）続けたいのです。私は詩作によって均衡というリズム、すなわち音楽を模索しました。私は発語とは外部への知性の放出であると考えるにいたりました。

L　知性、発語。それがまさにあなたが引き合いに出したものではありますが……。しかし知性とは発語の行使そのものです。

G・L　私は知性とは外界への波状の放出のようなものであると考えました……。したがってあなたが知性とは単に発語である、とおっしゃるのには賛成できません。直観的な知性、発語によっては解釈不能な知性が存在し、まさに私はとても直観的であり、logifier することがとても苦手です……それ（logifier）がフランス語かどうか知りません、私が創出した言葉ですし。私が目にするもの……私が誰かに対しそれを言葉で表すことができたこともありますが……私が見たものを合理的に言葉に変換できません……それらは移ろうイメージなのですが、（言葉に変換）できないのです……

L　移ろうイメージについてもう少し話して下さい。

G・L　それは映画、いわゆる医療映画のようなものです。最大速度で展開しますが、うまく形容できないので、それ（イメージ）を説明できません。

L　それでも、もうすこし問題に接近してみましょう。そういうイメージと、あなたの中で大きな位置を占めているもの、人は私がそれを知っているというでしょうが、それ、つまり美の観念、とはどのような関係にありますか？　そういったイメージの中心に美の観念を据えますか？

G・L　孤立した領域のことですか？

L　孤立した領域について、です。

G・L　まさにその通りです。しかし夢に関する美の観念は……実質的には具体的な光景です。

L　あなたにとって、美とは何ですか？　と質問しましたが、あなたは自分で美しいと思いますか？

G・L　はい、私は自分が美しいと思います。

L　あなたが好意を抱いた女性たち、彼女たちは美しいですか？

G・L　私は相貌に輝きを、常にその放散を、輝かしい天の恵みを求めます、すなわち発散する美を追求します。そのことと、知性は電波の放出であると私が主張することとは、無関係ではありません。私は際立った知性の持ち主を捜し求めますが、相貌の輝きと際立った知性とは関連しています。

L　あなたが一九六七年に夢中になった人……Nさんについて話しましょう、彼女は輝いていましたか？

G・L　はい、彼女は輝いていました。とはいえ、他にも心当たりがありますが……

L　他にも輝いている人が？

G・L　他にもいました、男性のみならず女性にも。性的には私は男性同様女性をも愛します。私は男性との肉体関係について言及しました。知的であると同時に感受性豊かな輝きにのみ私は魅了されてきたのです。

L　あなたがおっしゃりたいことはよく分かりました。かならずしも共感しているわけではないのですが、言いたいことは分かりました。しかし、結局あなたは一七歳になるより以前にすでに、美によってそのように感情的に揺れ動かされるようになっていたわけですが。どうして、誰によってあなたはそのように……

G・L　ある問題のせいです……

L　ある問題？

G・L　……両親との対立という問題です。母親はあまりにも物静かでしたが一方父は、週末に私の養育のために、日常生活、学校生活や躾の状態を見るために帰省し、私にいろいろ忠告を与えました。私は非常に反抗反逆的ですでに自立心が旺盛で、父親の助言を無視し父親の権威を超える能力をすでに備えているかの如くでしたので、父親の忠告にはイライラさせられました。その当時……

L　彼はHに何と言ったのですか？

G・L　もう覚えていません。

L　あなたが反抗的だと言ったのですか？

G・L　彼が何と言ったかもう覚えていません。彼は私に話しをさせた後私を部屋の外に出し、今度は私の父親に話をしました。彼は私には診断を告げませんでした。彼は私の衣服を脱がし検査をしましたが、性に関して私は非常なコンプレックスを感じました。

L　コンプレックスという言葉ですが、それはあなたにとってとりわけ、いわゆる性的な事柄に関わっているのですか？　あなたがコンプレックスを感じるというのは、そういうことですか？　あなたがコンプレックスという語を五、六回使った際に言いたかったことは、そのことですか？

G・L　それは性的なことのみに関わることではありません。関係性にも関わることです。全く上手く言えませんが、見捨てられ感があるという訳ではないのですが、印象があるというか……

L　しかし……どうして見捨てられ感があるのではないとわざわざ言うのですか？　実際には見捨てられ感があるのですか？

G・L　ええ、発語に関して、社会に対してコンプレックスがあります。恐れ、話しをすることへの恐れ、紛れもない不安から……私は後になって思いつくタイプで、即座に返答することが全くできず、そのために私は自分の殻に閉じこもる傾向にあります。私はからきしだめで……時々中断し、結局できない……たった今も私があなたに会って話すのが怖かったというのも、劣等感あるが故です。

L　私の前で劣等感を感じるのですか？

G・L　それをたった今言いました。対人関係でコンプレックスを感じるのです。あなたはとても有名な方なので、私は不安になりました。

L　どのようにしてあなたは私が有名人だと知ったのですか？

G・L　あなたの著書を読もうとしたことがあるからです。

L　ああ、そうなのですね、読もうとした（G・Lはニヤッと笑う）、読もうとしたのですね？　そして実際に読んだ。それは人間社会への入り口に立ったことを意味します。

G・L　でも、結局私は覚えていないのです。私はとても早い時期、一八歳の時に読みました。

L　私の苦心作を、あなたは一八歳の時に読んだのですね。

G・L　はい。

L　となると、それは何年になりますか？

G・L　一九六六年です。

L　出版後間もなくですね。

G・L　よくわかりません……いや、やはりそうです……でもやっぱり……

L　当時あなたはC病院にいましたか？

G・L　……そこは学生のための病院でした。私はあなたの本をC病院内の図書館で見つけました。私はC病院に再入院したのです……

L　よく思い出して下さい。

G・L　二〇歳だったはずなので、一九七〇年で間違いありません。

L　あなたが件のやっかいな書物のページを繰ることになった動機は？

G・L　私の同級生の影響です。彼が私に教えてくれました……。私はその本を開きました……。多くの用語が目に飛び込んできましたが、それらは非常に……

L　非常に？

G・L　非常に複雑で、内容についていくことができませんでした。

L　ええ、それはむしろよくあることです。それが印象的でしたか？

G・L　気に入りました、全部は読みませんでしたが。ざっと目を通しただけです。

L　よろしい、では話を戻して下さい。政治的暗殺部屋（salle assassinat politique）ですが、どうして暗殺なのですか？

G・L 違います、政治的暗殺（assassinat politique）です。政治的援助（assistanat politique）や assastinat もあります。

L 援助と暗殺、それらは別個のものですか、それとも両義的なもの？

G・L 両義的です。

L 両義的なのですね。

G・L 分かりません……

L 援助と暗殺についてはっきりさせましょう、その音韻の混乱はいつの時点からですか？ Lucas（Luc As）、Gérard（Geai Rare 珍しいカケス）というあなたの名前に関する話はそれはそれとして大事なのですが、今は脇に置いておいて、援助と暗殺は音において互いに移行し合いますが、それが始まったのはいつからでしょうか？

G・L　私にわかることは……

L　他の点から観ると、援助と暗殺の間にはより多くの違いがあります、あなたはそれらは（音韻上）近接するとおっしゃいますが。それらの語自体がなにか大事な意味を持っているわけではありませんね、なぜなら卑劣な暗殺とは……

G・L　それらが重要だとしたら、それらが頭で考えたものではないという限りにおいてです。

L　つまりそこにあなた自身の思考を反映させていないということですね。

G・L　そうです、それは勝手に生じ、自然に浮かんできます。つまり、突然に、時として自ずと。

L　突然に？

G・L　突然に、です。私は思ったのですが……

L　それでは、その突然の訪れの時……

G・L　私は今まさに思ったのですが、理性的な関係もおそらく存在していました、自生ではなく、一方においては医学的な、卑劣な暗殺（sale assassinat）、軽蔑に値する援助（sale assistanat）、sale assastinat の間には医学的な関係がありました。つまり、暗殺（assassinat）と援助（assistanat）とが縮約されたのです。私は語の縮約にも興味がありました。たとえば、私はベアトリス・Vという歌手で朗読家を知っていました。私は歌っている彼女を見にラネラーまで行き、そこで知り合いになりました。彼女はベアトリスという名前ですが、聖ベアトリスの日は二月一三日です。私はそのことに辞書を見て……辞書ではないな、カレンダーを見て気付きました。そして、彼女が私にまた会いに来るように、と言ったので、というのも、私が彼女の音楽ツアーを絶賛したからですが……「あなたを読み取る場所に、陽気なベアトリスはいなかった」という一つの祝詞を書きました……私は dixt（一〇日）と書きましたが、それは同時に私が祝いたい一〇日間、一三日と二三日の間の隔たりの一〇であり、公式化でもあります、もっとも私はこれ（公式化）には触れませんでした、なぜなら一〇という間隔は陽気さなしには経過しないからです……

L　陽気に？　それはどういうことですか。祝祭だったのですか？

G・L　祝祭でした。祝詞の中に、まさにその縮約された語を用いました。écrasé（押しつぶされた）と éclaté（ぎざぎざに刻まれた）を同時に含む　écraseté のような語も用いました。私は、vénure と名付けた詩も書きましたが、それは vénus と mercure が縮約されたものです。一種の哀歌のようなものでした。あいにく私はそれを今持ち合わせていませんが、なぜなら……choir（落下する）という語もありますが、落下するという概念と選択（choix）という概念を表すために、私はchoixreと書きました。

L　N以外では誰ですか？……本来の名前で呼ぶのは？　また vénure はあなたを vénuré しましたか？　その点について教えて下さい。

G・L　他にはCで知ったD・Nがいました。

L　それについて少し話して下さい。

G・L　彼女も詩人でした。ソロや連弾でピアノを弾き、踊り、デッサンもしていました。

L　彼女もまた輝いていましたか？

G・L　彼女と知り合った時は美しかったですが、後に私が一九七〇年の六月か七月に退院して以降彼女に面会した時には、その顔はむくんでいました、彼女が服用していた薬の影響は明らかでした。彼女は二月に退院しましたが、その後再会した時にはスリムになり美しく光輝いていました。

私はいつもそのような美貌に魅了されてきました。この部屋の中に同じタイプの人はいないかな、多分あの女性だな……でも残念ながらあの方は化粧をしている。赤いスカーフを巻いている青い目のあの女性です。

L　それでは、彼女はあの女性に似ているのですね。

G・L　はい、少しだけ似ています。でもDさんは化粧をしませんでした。あの女性はファンデーションを塗っています。

L　あなた自身も化粧をするようになりましたか?

G・L　はい、私も自分で化粧をするようになりました、そうですね、はい（笑む）。そうするようになったのは一九歳頃からです、なぜなら私の感じとしては……私は自分の性に関してコンプレックスを持っていたからです。私の印象として……生まれつきとても小さい陰茎を授かりました。

L　そのことをもう少し説明して下さい。

G・L　性器が縮んでいって、ついには女性になるような感じを抱いていました。

L　なるほど。

G・L　私は自分の性が転換していく感じを抱いていました。

L　性の転換？

G・L　つまり性が代わるということです。

L　それが言いたいことですか？　あなたが抱いていた感じというのは、あなたが女性になるかもしれないという感じですか？

G・L　はい、私は日常的に化粧をしてましたし、また知りたかった……つまり私は性器が……縮むのではないかという不安な感じを抱いていましたが、同時に女性の世界、女性の心理、女性の知的心理的成り立ちを理解するために、女性であるとはどういうことなのかを知りたかったのです。

L　あなたはそのように期待したが……実際には一種の願望です。

G・L　それは願望であり、また実際の経験でもありました。

L　実際の経験と仰いますが……。でもあなたにはまだペニスが存在しますよね、どうですか？

G・L　はい、そうです。

L　よろしい。それでは、実際に経験したとはどういう事ですか？　それはむしろ、願望の範疇だと思いますが。経験したというのはどういうことですか？

G・L　体験であることを望んだという意味です。

L　繰り返すようですが、つまり実際の体験であるようにとあなたが望んだのですね。ということは、やはり願望のレベルで留まっていたということですが……あなたは自分自身で、女性であると感じたことはありませんでしたか？

G・L　ありません。

L　あったのですか、なかったのですか？

G・L　ありませんが、もう一度質問を繰り返していただけませんか？

L　自分が女性であると感じたことがあったかどうか、と質問しました。

G・L　心理的に感じたのは事実です、はい。そのような直観によって、結局のところ……

L　そうでした、申し訳ない申し訳ない、直観的にということですね。すると、あなたは自分が女性であると想像しましたか、というのもあなたが直観について……直観、すなわちあなたに浮かぶイメージに言及されたからですが。自分が女性であると想像しましたか？

G・L　いいえ。夢の中では女性でしたが、でも、私は……

L　夢の中では女性だった。夢とはどういうものですか？

G・L　夢？　夜に見る夢です。

L　夢は夢でも同じものではないことを認識しておく必要があります、夜見る夢と……

G・L　白昼夢とは。

L　私の理解が正しければ、あなたはご自身で白昼夢と名付けた夢と、押し寄せる声とを関連させました。よろしい。それでは、夜に起こること、すなわち人が睡眠中に見るイメージと押し寄せる声とは、同じ性質の現象ですか？　それに関しては大雑把な理解あるのみですが、あなたはその点についてご自身の見解をお持ちだと思います。

G・L　いいえ、それらの間には何の関係もありません。

L　それではなぜ押し寄せる声を夢で形容したのですか？

G・L　押し寄せる声は、夢ではありません。あなたはあまりよく理解していない。

L　私に謝って下さい。あなたがそれを夢という語で捕えたことはしっかり理解しましたよ。私は聞きました、あなたのその口から聞きましたよ。あなたは夢について話しました、白昼、を付け加えたにせよ確かに夢という語を使った。いいですね？　違うとは言わせませんよ、あなたがその夢という語を用いたことを覚えていますね。

G・L　はい、私は夢という語を使いました。でも押し寄せる声は、どちらかというと孤立した領域と現実に私が闘っているものとの間のやや中間に位置します。それがどういう部分を成しているのかは分かりませんが……

L　分かりました、いいでしょう。その架け橋は。侵襲的ですか？

G・L　それは侵襲的な架け橋です、はい。

L　それでは、あなた自身で言ったことですが、声が……

G・L　違います、語句です。

L　あなたに浮かぶ声は暗殺を示唆していました。あなた自身がたった今おっしゃったことはそれと密接に関連しているのですが、私を monarchiser するのは、あなたの言葉に違いはないが、しかしそれが押し寄せる声なのですね。

G・L　押し寄せる声です。

L　よろしい。しかし同時に、あなたはあなた自身で、件の「彼ら」を侮辱していることに無知なので、彼らがあなたの知性を monarchiser しようとしたと言って非難しています。ここまでよろしいですか?

G・L　ええ、でも私は知らなかったのです……

L　事は二つで、まず一つ目はこのようにして浮かぶ声があり、あなたの頭を浸し……

G・L　ええ、そうです。

L　そうですね。

G・L　私の頭を占拠し、自生し、そこに私自身の思考は含まれません。

L　よろしい。次にそこで内省し、付け足すべきことを付け足し、自覚しながらそうしている第二の人格がありますね。ここまではいいですね?

G・L　はい。

L　では、たとえば何をそこに付け足しますか？　彼らは私の知性を monarchiser する、をですか？

G・L　私がその語句にさらに付け足すことは決してありませんでした。彼らは私の知性を monarchiser したがっている。しかし王政は揺るがない、あるいは揺るぐか……私にはわからないが……

L　あなた自身が、そこに付け加える内省されたもの、を際立たせていますね、一般的にはそのように事態は進行します、それが唯一の例ではなく、あなたはその中の一例としていま提示された。しかし、王政は失墜すると。

G・L　彼らは私の知性を monarchiser したがっている、という文章が自生します。しかし、王政は失墜する、というのは内省です。

L　それがあなたの、あなた自身の信念ですか？

G・L　はい、一方では、自生するものが私に押し寄せる。事態はそのように進行し、一種の知的な欲動のようなものが到来し、不意に発生し、私の知性に迫りくるのです。

L　我々の面談の最中も……？

G・L　非常に。

L　非常になのですね。それを再現できませんか？

G・L　青い鳥達は、私を殺そうとする。

L　鳥達が私を殺そうとする……

G・L　青い鳥が、です。それらが私を窮地に追い込み、殺そうとする。

L　誰が青い鳥なのですか？　その人はここに居ますか？

G・L　青い鳥です。

L　青い鳥とは何ですか？

G・L　まずは詩的な、マラルメ（一八四二～一八九八年。フランスの詩人）の詩に関連する詩的なイメージで、青、次いで青い鳥、空、広大無辺の青、青い鳥、青い無限……

L　続けて下さい。

G・L　それは際限のない自由を表しています。

L　え、何ですって？　際限ない？　青い鳥を際限のない自由、と翻訳してみましょう、際限のない自由があなたを殺しにかかるのですか？　際限のない自由があなたを殺しにかかるのかどうか、吟味が必要です。続けましょう。

G・L　私は境界のない世界にいる、境界のない……

L　ですが、あなたは境界のない世界にいるのか、孤立した領域にいるのか、はっきりさせないといけません、なぜかというと領域という言葉はむしろ境界という概念を意味するからです。

G・L　ええ、そして伝統的には……

L　孤立した境界のイメージとしては……

G・L　夢、私が知的に生み出す非想像的なものに関してですか?

L　いいえ、しかし最後まで行ってみましょう。

G・L　すごく難しいです、なぜなら……

L　何を生み出すのですか?　なぜなら生み出すという言葉はあなたにとってある意味を持っているからです。

G・L　自ずと浮かんでくるそばから、生み出している、若干そういうところもありますが、結びつけてはなりません。孤立した領域と境界のない世界について語ることは、私の中では矛盾しません、矛盾はないのです。あなたにどのように説明したらよいか?　私は孤立した領域にいます、なぜなら私は現実と断絶しているからです。したがって私は孤立した領域を言うのです。しかしだからといって、境界のない想像上の世界にいない、ということにはならないのです。まさに私自身は境界を持たないが故に、多少なりとも破裂し、境界のない世界に生きる傾向があります。仮にあなたの侵入を阻止するべき境界が存在しないとすれば、あなたは対立する相手にはなりえず、対立自体がなくなってしまいます。

L　あなたはたった今、これこれの物、テーブル、いすなどと列挙しながら現実世界に言及されました。さて、皆と同じ様に現実世界を理解されているようですし、常識のレベルでそれを把握されているようだ。ここから話を始めましょう。あなたはそれとは別の世界を生み出すのですか？　生み出すという言葉は……

G・L　私は自作の詩を通じて、私の詩的な言葉を通じて世界を生み出します。

L　よろしい、そして押し寄せる声も世界を生み出すのですね。

G・L　はい。

L　そう、そこが肝心なところなのですよ。

G・L　はい、声も世界を生み出します。世界を生み出しますが、その証拠に……

L　その証拠に？

G・L　あなたにたった今言った、「青い鳥が私を殺そうとする」というのは、私がいる境界のない世界を含意しています。話を元に戻すと、私は孤立した領域に居ながら境界のない状態で存在しています。混乱しているのは分かりますが、私はとても疲れました。

L　あなたに指摘しましたが、閉じた領域は境界がない、ということと両立しません。したがって、あなたは孤立した領域によって区切られているのです。

G・L　ええ、しかしその孤立した領域に関しては、私は境界がない状態で存在しているわけです。孤立した領域では私には境界がない、しかし現実には区切られているのです、身体のみによって区切られている訳ですから。

L　よろしい、まさに（あなたにとっては）その通りですね、実際は孤立した領域には境界が存在しますが。

G・L　明白な現実との関連において、孤立した領域は区切られている、でもだからといってその領域の真ん中で境界がない状態で存在するとしても矛盾しないのです。あなたは幾何学用語を用いつつ考えていらっしゃいますが。

L　私は幾何学用語を用いながら考えています、それは正しいのですが一方、あなたは幾何学用語を用いて考えてはいません。いずれにせよ、境界のない状態でいることは、不安ではないですか？違いますか？

G・L　はい、不安です。しかし、私は夢のような世界や形態にとどまってはいられませんでした。

L　いいでしょう。聞くところによると入院時、あなたに厄介なことが起きたそうですね。それがあったが故にあなたは入院になり、私の理解が正しければ自殺未遂だったそうですが、なにがあなたをそこまでに至らしめたのでしょう。やはり件のドミニクが原因ですか？

G・L　違う違う、全然違います。テレパシーのせいです。

L　いかにも。そのことにまだ触れていませんでしたね。テレパシーとはどういうものでしょうか？

G・L　思考の伝播です。私はテレパシーの発信者です。

L　あなたが発信者なのですか？

G・L　私の話すことを聞いてないのですね。

L　そんなことはありません、しっかり聞きましたよ。あなたはテレパシーの発信者であると。しかし一般的にはテレパシーは受信する類のものではないですか？　テレパシーとは、あなたに届いた内容を告げ知らせてくれるものではないですか？

G・L　いいえ、それは透視力のようなものです。テレパシーとは思考の伝播です。

L　それでは、誰に伝えるのですか、誰に？　例えば？

G・L　私は一切誰にもメッセージは発信しません。私の頭の中で起こっていることは、テレパシーを受信する人によって聞かれている、ということです。私にはどうもそれが……

L　例えば、私はそれを受信していますか？

G・L　分かりません、分かりません、なぜなら……

L　私はあまり優れた受け取り手ではありませんので、あなたのそのシステムの中では行き詰っていることを白状します。逆にあなたにした数々の質問は、まさにあなた自身から説明を聞きたかったということを示しているのです。さしあたり、あなたの世界、と我々が名付けることにするものが含意するものすべてを把握するには至っていませんが。

G・L　私の想像にとって、ある一つの世界。

L　そのイメージ（想像）は実在しますか？

G・L　はい。

L　それ（イメージ）をあなた自身が受け取り、そして見ている。

G・L　テレパシーは声のレベルで生じます……自生する言葉と、それに対して成し得る内省……時々そうしているからですが……

L　なるほど、あなたは自生する言葉に対し常に内省を加えるのですね。

G・L　違います、いつもではありません、でも様々なテーマに対して内省します。何がテレパシーによって送られてくるのか分かりませんが、それらはイメージではありません、とはいえ、結局推測にすぎませんが。私が私自身であると同時に他人ではありえないからです。

L　そうですね。しかし、どうして他の人がテレパシーを受け取ったことが判るのですか？

G・L　彼らの反応によってです。もし私が彼らを攻撃したり、ありそうにもないことを口にした場合に……ピネルでも医師が私にその質問を何度もしました。私がやるのは推論です。誰かある人に関して、その人の顔がこわばっていないかとか、表情に変化が見られないかなど、を観察するのです。もっとも、私は人が認めるほど客観的、科学的な観念は持ち合わせていないのですが。

L　例えば、私はあなたを認めていますか？

G・L　そうは思いません。

L　認めていない？

G・L　はい、そうは思いません。

L　それは、私があなたにした質問で途方に暮れてくれていることをすべてが物語っているからですが。しかし、それはむしろ私が途方に暮れているという証拠です。この場において、私以外に誰があなたを受け入れているでしょうか？

G・L　分かりません。人に目を向ける余裕がなかったので。一方、熱心で従順な精神科医助手はいますね……でも私はとりわけ患者さんたちに目を向けます。

L　ピネルの仲間達のことですか？

G・L　ピネルの、です。

L　いつからそのテレパシーは続いているのですか……つまり、他の人が何かを受信したとあなたが気づく根拠となるその指標はいつから？

G・L　一九七四年の三月以来です。その時にGは私にパラノイア性妄想と診断を下しました。

L　あなたは、そのパラノイア性妄想というのを信じているのですか？　私は、あなたが妄想を抱いているとは思いませんが。

G・L　当時は妄想がありました。当時私はとても興奮していて、そして……

L　そして?

G・L　フランスをファシズムから救いたかった。

L　いいでしょう、続けて下さい……

G・L　私はラジオ、一〇時のフランスインターのラジオ番組を聞いていて、それに対してつぶやいていました。そうしたらピエール・ブテイラーが、ラジオ番組終了間際に一瞬このように言ったのです。「そのような才能を持った聴衆がいるとは知らなかった」。その時私は、ラジオで私の話すことが人に聞かれていることに気づきました。

L　その時あなたは、あなたの話すことがラジオで人に聞かれていると感じたのですか?

G・L　はい。他にも、私が自殺未遂をした時のエピソードがあります。ラジオ放送があり、私は繰り返し考えたのですが、ある婦人が……彼らはちょっと話し、密かに笑ったので、私はラジオに話しかけました。何を話したかはもう覚えていませんが、結局彼らはこう言ったのです。「これが、私が無名の詩人に対して言いたかったことです」。正確にはこんな感じではなかったかもしれません。それは無関心のようなものだけど、無関心ではない、そもそも無関心というものは存在しませんしね。ともかく彼らは無名の詩人について語ったのです。また別の時には、ロジェという番組にシャンセルというカナール・アンシェネ社（フランスで週刊で発行される新聞。風刺色が非常に強いことで知られる）の社長が招かれていました。それは私が自殺未遂を起こした後でした。番組のエンディングで彼らは会話をしていました。カナール・アンシェネ紙はやや反教権主義的なところがあることは巷間の知るところですが、まさに対談が終わろうとしているときに彼らはこの話題に言及していて、私はその時「ロジェは聖なり」と口走りました。すると彼らは二人とも、自分たちの話していることとは無関係にラジオで突然笑い出し、かすかなる柔らかい声で「カナール・アンシェネ紙の反教権主義は容認され得るようだ」と聞こえてきました。それは純粋に私の想像の産物か、それとも彼らは本当に私の言ったことを聞いたのか？　彼らは二人ともテレパシーの受信者なのか、それとも私の完全なる想像、創造なのか？

L　判断しかねている？

G・L　判断しかねます。

L　それでは、あなたは放映テレパシー、透視とははっきり区別されるテレパシーのせいで（自殺）未遂をしたのですか？

G・L 違う、それが原因ではありません……私は近所の人に食って掛かった、とても攻撃的に食って掛かったのです。

L 近所の人に食って掛かったのですね。

G・L なぜならしょっちゅう夫婦げんかをしていたからです。それで私は彼らを罵倒しました。ある日の午後に、当時私は○から戻りました、○に滞在していたので……

L そして？

G・L 大量の薬を服用しました……

L なるほど。

G・L 私はすでに不安がとても強く、考えが本当に他の人に聞かれるようになっていました。

L　なるほど。罵倒というのも頭の中での罵倒であったが故に（自殺未遂をした）？

G・L　頭の中で、です。面と向かっての罵倒ではありませんでした。彼らはアパートの階上にいましたが、私は彼らに（頭の中で）繰り返し攻撃をしかけている真っ最中で、彼らがこう叫ぶのが（頭の中で）聞こえました。「ルカ氏は狂っている、彼を収容所送りにしなければならない」等。

L　そしてあなたは決心した……

G・L　私はとても気分が沈んでいました。私は、何人かがあなたの考えや幾分風変わりなあなたの幻を察知することができることを知って、すでにとても不安でした。同時に私はラジオを聞くときに、ささいなことやどうでもいいことを口にすると、（ラジオを通じて）私の言ったことが聞かれたり、私が馬鹿にされたような感じがありました。私はいよいよ精根尽き果てました。ある時以来私は、テレパシーによって近所のまた別の住人を罵っていたのですが、その人がななめ向かいからこちらを見た時に、突然自殺したいと思い、そして……

L　いやしかし……自殺未遂によって何が解決しましたか？

G・L　逃れることが……不安から逃れることができました。頭では自殺するという考えには反対でした。私には「人生とは認識を得るための手段である」という信条があります。一四歳で病気になって以来、生きる希望を失う度に、この言葉がいつも頭をよぎりました。「もし死ねば、知ることができないことが出てくるのだ」。私は生まれ変わりを信じますが、天国は信じません。

L 生まれ変わりを信じるのですか?

G・L 私は輪廻転生を信じています。一八歳頃のある時、私は自分をニーチェの生まれ代わりだと思いました。

L あなたはニーチェの生まれ変わりだと思っていたのですか? はい……いいんじゃないでしょうか。

G・L ええ、そして……私は二〇歳の時にアルトー(一八九六〜一九四八年。フランスの作家、詩人)に目覚めました。私立学校の二年目の時は、学業にはあまり興味がなかったし、私の思考や精神的発達はあまり調和が取れていませんでした……私の思考、精神的発達は……

L 当時は……

G・L　一七歳でした。当時私はOmbilic des Limbes（冥府の臍）を読み、アルトーの全作品を買い、二〇歳頃の時私はアルトーの生まれ変わりだと感じました。アルトーは一九四八年の三月四日に亡くなり、私は一九四八年の九月二日の生まれ。彼は一八九三年［訳注：実際は一八九六年］の九月四日に生まれたので、我々は二人ともおとめ座です。三月から九月までの間に時間差がありますが、アルトーの魂と精神は六か月の間彷徨い、私が生まれた一九四八年九月二日に私において再生したのだと感じました。

L　本当にそう信じたのですか？

G・L　今では、自分がニーチェやアルトーの生まれ変わりだとは思っていませんが、再生は常に信じています。なぜなら私がごく幼かった頃、一種の二重再生の夢を夜に、夜の夢を見たからです。八歳か九歳の頃だったと思います。私が再生について知る由もありませんし……それぐらいの年齢では。輪廻転生に関する本も読みませんでしたし。その夢の中で、私は中世にいました、中世に実際に生きていたようにすら感じました。同時にその夢の中で、私はやや荒廃した城の中にいました、そしてその夢の中でさらに夢を見ました。

L　夢の中の夢、ですね。

G・L　そして私は、その城をもっと以前から知っていたのだと思いました。それは中世より以前にさらに別の前世を経験していたからで、その城をすでに知っていたということをよく覚えています。それは幾分荒廃してはいますが、知っていました。

L　ということは、その城は中世以前のものですか？

G・L　おそらく、中世のものです、一回の生は三五年、あるいは五〇年より長いということはありませんでしたから。夢の中で見た夢も、おそらく中世のものでしょう、城が少しだけ荒廃するのに五〇年から一〇〇年はかかるでしょうが。しかし、これは私が考えた仮説です、が、夢の中で考えたわけでは決してありません。

L　ということで、それはあなたが考えた仮説という訳ですね。

G・L　私は空中浮遊も経験しました。成長はとても早期に、一一歳の時に起きました。ある日……

L　成長と言いましたが、それは何の事ですか？　勃起のことですか？

G・L　そうです。

L　それで？

G・L　私は空中浮遊する夢を見ました。

L　よろしい、説明して下さい。

G・L　私は自慰行為にふけり、得も言われぬ快楽に浸りましたが、その時私は宙に浮かぶような感じがしたのです。私は本当に宙に浮いたのか、それともオルガズムによって引き起こされた錯覚なのか？　思うに私は本当に空中浮遊したのだと思います。

L　ええ、そうだといいですね。ところで、これからどうするつもりですか？

G・L　このまま治療を続けるつもりですが、これからですか？　長期的にですか、それとも短期的にですか？

L　長期的にです。

G・L　全く分かりません、未来に関してなんら言うべきことはありません。

L　勉学の最中ではないのですか。

G・L　いいえ、もう勉学はしていません。

L　当面は、いかなる仕事もしないのですね……

G・L　仕事はしていません、はい。

L　どのようにこれからの事に向かい合いますか……ピネルからいつかは退院しなくてはなりません。そうした場合、どのように再開するつもりですか？

G・L　仮に不安が軽減し、対話ができるようになったとしても……私をだめにするテレパシーは持続するでしょう、なぜなら私のすべての考えが私の言葉によってではなくテレパシーによって人に聞かれると、直ちに私は身動きが取れなくなるからです。こういうテレパシーが存在する限り、私は社会の中では生きていけないでしょう。なぜなら社会生活においては、社会の日常においては、こういうテレパシーにどうしても捕えられてしまうからです。他人が私の考えを聞いてしまうと、日常生活において仕事をすることはできなくなります、そんなことは不可能です。私をもっとも苦しめることは……

L　それが多少なりとも緩和してきたのはいつ頃からですか？

G・L　一四日前からです。M・ツェルマクとドュアメルに何度も診察をしていただいたおかげで、事態は少し解決しました。でも実際のところ、私の秘密の庭は何人かに察知され、私の思考と内省は……

L　秘密の庭というのは、孤立した領域のことですか？

G・L　秘密の庭においては、内省、異なる対象に関して成し得る内省は想像的なものですが……もしあなたの周りにいる何人かがあなたの考えていることを察知したり、（頭に）直接干渉してきたら、どのようにして職務を遂行できますか？　もし完全に無防備にさらされたら……もし私が学生に囲まれ、彼らが私の話に耳を傾けるようなことになったら、私は生きることができなくなるでしょう。一か月ほど前、私はとても調子が悪くなり、ずっと病床に伏していました。とても打ちのめされ、また一度自殺を企てました。こんなテレパシーに支配されていては生きることはできませんから。常に存在していたわけでなく、あの時以来生じたものではあるにせよ……

L　何が常に存在していたわけではないのですか？　押し寄せる声はそれに先立ってありましたか？

G・L　押し寄せる声とテレパシーは一九七四年の三月から始まりました……当時はパラノイア性妄想があり、ファシスト等と戦っていた時期でした……頭の中では。

L　その頃、Hの診察を受けた……

G・L　Hの診察は一回しか受けていません。

L　その頃、押し寄せる声やテレパシーといった類の現象はありましたか？

G・L　そうではありません。さらに、Oから戻り、私の主治医であるGの再診を受けた時、彼は私に、「あなたのテレパシーは……」と言いました。そして、一二五回にわたる電気麻酔を受けたのです、一三回はNで、一二回はOで。おそらく、そのせいで……私はますます不安になりました。もはや、集中することもできなくなり、電気麻酔のせいで私の脳細胞は壊れてしまった。

L　それがあなたの意見ですね。あなたが病気になったことによる悲劇は、電気麻酔を受けたことだと。

G・L　電気麻酔は治療目的でなされたものではあります、私の妄想はひどかったですから。私は今まで、試験の成績は悪くはなかったのですが、Sの外来を受診させられたときは妄想がひどくて……知的には、私はフランスのファシストについて質問してくる声が聞こえていて……私が抱いていた印象というのは、哲学か基礎数学の……分からない、集中することができない。ジャン＝クロード・ボレという男がいました。ファシストたちは実権を掌握し、ORTF（Office de Radiodiffusion-Télévision Française フランス放送協会、かつてフランスに実在した国営テレビ・ラジオ局）という施設を襲撃したにちがいないと私は考えました。私は頭の中でジャン＝クロード・ボレとジャン・Rをお互いに扼殺させました。当時私は……友愛という観念にもとりつかれていました……私はSの外来に連れていかれ、数学記号で応じました。だれかが、院長が質問したように思いますが、私はフランスがファシズムから救われるべく返答したのに違いありません。私は訊かれた質問に対し、数列や詩的な象徴で極めて率直に答えましたが、私自身ではそのことを覚えていないのです。それで妄想があると判断されたのです。

L　結局どちらが正しいのでしょう、医者でしょうかそれともあなたでしょうか？

G・L　分かりません……

L　でも結局、医者のもとに戻りましたね。

G・L　戻りました、自由意志を保持しつつ。

L　あなたは、自由意志のための場所を必死に保持しようという感覚をお持ちだ。あなたがこれまで私にお話しになったことによると、あなたは手におえない事態で苦しんでおられるということですが。

G・L　ええ、しかし……

L　しかし?

G・L　私は希望を、判断力や対話能力や、人格を取り戻すという希望を持っています。それが最も大事な問題に違いありません。最初に言ったことですが、私は自分の身の丈が分からない、自分のことがしっかり把握できていない。

L　君、これぐらいでいいでしょう。さようなら。あなたについていろいろな事項を知ることができて良かったです……

G・L　私の書いたものについてのことですか？

L　数日以内にまた会いましょう。

G・L　ありがとうございます、先生。

ラカンによるコメント：仔細にみると、古典的理論によって記述された臨床研究は、問題を議論し尽くしていないことが判ります。いつだったか忘れましたが、一か月半前だったか、このような感じで一人を診察しましたが、その人はフロイト的な精神病でした。今日のジェラールは、ラカン的な精神病、まさにその典型でした。押し寄せる声、想像界、象徴界、現実界。そうは言っても、私は今日の少年についてはあまり楽観的ではありません。彼は押し寄せる声が増悪する感覚を持っている、すなわち彼がテレパシーと呼ぶものがひどくなっている感覚を持っています。目下のところ、彼は押し寄せる声が聞こえることに甘んじてきたわけですが、しかしとりわけその悪化しているという感覚があるが故に私は失望するわけです。彼には、生き、（現在の窮地から）抜け出す術はないと言わざるを得ません。彼がどのようにして自分を取り戻していくのか、私には皆目見当がつかない。首尾よく自殺で決着をつけるという方法はありますが。

繰り返します。それでも今日の症例は今まで記述されたことのない、シャスランのような優秀な臨床家たちの研究にさえ見出せなかったタイプのものであるということを。

第二幕　理論編

本幕においては、症例ジェラールに対するラカンの精神分析的介入の真の意図を理解する上で手掛かりとなる理論の解説を1〜5の順に行っていくが、その前に見通しを良くするために、若干の先取り的な概説を行う。

いわゆる正常人というものが存在するなら、それは鏡像段階とそれに引き続く、エディプス・コンプレックスや去勢を経験していることを意味する。これに対して、古典的な精神病（統合失調症やパラノイアなど）者においては、いったん鏡像段階を経験するが、エディプス・コンプレックスや去勢経験が排除されているために、性別化や現実感の獲得上欠かせないファルス機能が働かず、発病以降は鏡像段階以前の状態に逆戻りしてしまう。ここまでが一九六〇年代までの前期ラカンの理論である。

これに対して、本書のメインテーマであるボロメオ理論は、一九七〇年代、ポストモダンの幕開けの時代に次第に顕著となった軽症化精神病に対して、エディプス・コンプレックスや去勢概念、ファルス機能に代わって構築された後期ラカン理論である。非内省型精神病は前期ラカン理論で説明可能な古典的精神病を指し、内省型精神病は後期ラカンのボロメオ理論で説明可能な軽症化精神病を指す。ラカンがジェラールとのインタビューを終えて参加者に向けて行ったコメントの中で語った、ラカン的な意味での精神病とは、この内省型精神病のことを指しているのである。

1　鏡像段階

鏡像段階は、生後六か月から一八か月の間に位置する。依然として自己統一感を与え得るほど神経系が発達していないにも関わらず、この期間に自我や自己身体像が形成される。鏡像段階に先立つ期間・前鏡像段階はメラニー・クラインが分裂ポジションと呼んだものに相当し、人間は寸断された身体像を生きる。発病後の統合失調症の患者は、前鏡像段階にいわば退行する。

前鏡像段階において人間は、自分の身体と母の身体との間、あるいは自身と外界との間になんらの差異も設けない。ところが鏡像段階にさしかかると、幼児は次第に自分を意識するようになる。実際、幼児が鏡の中の自分を観察し、鏡に映った周囲を見ようと振り向くのを見ることができる。そこでの幼児の身振りとはしゃぎぶりから、鏡の中にある自分の像に対しある種の認知がなされているのがわかる。そして彼は、自分の動きが鏡に映しだされた自分の像や周囲ともつ関係を、遊びながら試し出す。したがって鏡像こそが、幼児に自分の身体の直観的な形を与えると同時に、自身の身体から周囲の現実に及ぶ関係も与える、ということができる。

しかし、鏡に映った身体像をわがものとして引き受けるということにおいて大事なことは、母に抱かれた幼児が、自分の発見に認証を与えてもらおうとするように、彼に眼差しを送っている母の方へ振り向くことである。そして、幼児がこの像をわがものとし内在化することができるためには、彼は大文字の他者（この場合は母）によって承認されなければならない。「そこに映っているのが、お前だよ」という風に。この母による承認によって自我が構成される。

しかし鏡像段階が、人間が初めて自分が人間であるという経験をする原初の出来事であるとすると、人間が自分を認知するのは他者の像（主体の外部にある鏡面）においてである、ということになる。

さらに鏡の中に自分を認知するのと平行して、幼児には同等の年齢の者に対する特別な行動が観察される。幼児は他者を前にすると興味深く観察し、そのしぐさをいちいち模倣し、文字通りスペクタクルの中で、その他者を引き付け、あるいはその気を引こうとする。幼児はそうした行動によって、他者になぞらえることによって自分を社会的に位置づけようとしている。互いに向かい合った幼少の子供に見られる転嫁現象には実に驚かされるが、そこでは文字通り他者の像にだましとられている。ぶった子がぶたれたといい、そちらの子の方が泣き出してしまう。ここに認められるのは想像的審級つまり双数的関係、自分と他者との混同であって、人間存在に関わる攻撃性である。

以上より、自我とは鏡像である、と結論できる。主体は自分を自らの像、すなわち自我と混同し、自分の似姿との関係の中で、写しによって同様に想像的にだましとられてしまう。したがって主体は、自我によって疎外されているのである。しかもこの主体はその疎外については無頓着であり、こうして自我による慢性的な誤認が形成される。

自我心理学とラカン派精神分析の差異

ラカン派精神分析においても、人間主体がいわゆる正常な社会生活を営めるようになるためには、鏡像段階を経て、他者に同一化することにより他者像を自我として取り込み、他者の身体像に基づいて自らの身体像を作り上げ、自分の欲望の一部に、同一化した他者の欲望を引き受けられなければならないと考えられている。自我心理学・発達心理学とラカン派精神分析の決定的な違いは、前者が自分と自我を同じものと見做しているのに対して、後者はそれらを区別している点にある。ここから実践における方向性が大きく異なってくる。

自我心理学や認知行動療法においては、患者の弱い自我を強化し、異常な症状や人格を矯正し、社会復帰できるレベル、いわば普通の人に成長させるのを目指す。一方ラカン派精神分析実践は、患者の自我はむしろ必要以上に強固であり、それによって患者本人が疎外されている点に着目し、介入していく。具体的には、自分と自我との分離作業を徹底的に行い、分析主体（患者）があらゆる自己愛的幻想を突き抜け、現実感覚を取り戻し、社会的名声、評判、家庭内での評価とは無縁な各人固有の存在の基点が析出されるまで、真の個性化が実現されるまで続く、妥協のない作業である。分析主体（患者）の症状や苦痛の軽減自体を目指すものではないにせよ、上述のような精神分析の論理と倫理に従って行われる作業である以上、当然の結果としてそれら治療効果ももたらされ得る。
以上は神経症の患者を想定しての話であった。それでは、精神病の患者についてはラカン派はどのように介入するのか。まさにその理論的、実践的解説がこの本のテーマである。

2　エディプス・コンプレックス、去勢

エディプス・コンプレックス（二歳〜三歳）

フロイトは一八九七年に、フリース（一八五八—一九二八年。ドイツ人医師にして生物学者。必然的に精神分析を受ける経験のなかったフロイトにとって最重要の友人。彼と往復書簡を行う中で、エディプス・コンプレックスについての着想を得た）に宛てた手紙の中で以下のように書いている。

「僕は母親への惚れ込みと父親への嫉妬を僕の場合にも見つけました。そして今や僕はそれらを、たとえ必ずしもヒステリーにされた子どもたちの場合ほどに早い時期ではないにしても、早期幼児期の一般的な出来事とみなしています。[1]」

このように、エディプス・コンプレックス期には子供は両親に対して愛と敵意を抱く。エディプ

（1）ジークムント・フロイト『フロイト　フリースへの手紙』河田晃訳、誠信書房、二〇〇一年、二八四頁。

ス・コンプレックスは、近親相姦的な関係はそれ自体必然的に、闘争、崩壊へと至るものである、ということを含意している。人間が最も自然な関係、すなわち男と女という関係を確立し得るためには、うまくいっている何かの像、調和のモデルたる第三者、掟、連鎖、象徴的秩序、発話という秩序の介入、すなわち父の介入が必要である。父といっても、それは自然の父ではなく、父と呼ばれるもののことである。衝突や全体的破壊という状況を防ぐ秩序は、この父の存在に基礎をおいている。

フロイトは、ただ一つの具体的な点として、この父に対する態度を挙げており、これが男児においても女児においてもコンプレックスの展開を決定づける、という。これに対応するものとしてラカンは、父の象徴的機能、つまりエディプスの有効な原理を構成するものを、父の名と呼ぶ。父の名の介入によって、母の欲望への従属関係から解放され、異性との関係を可能にするファルス機能が授けられ、主体化への道が開かれる。それは両性について当てはまることである。

このようにエディプス・コンプレックスが達成されることによって、ファルス機能を授かり、男性、あるいは女性になるという性の正常がもたらされるが、同時に性と関連して身体感覚や、身体を持って世界内に存在しているという現実感をも与えられる。こういったエディプスの描き方によって、エディプスの機能というのは象徴的去勢を促進することだ、ということが強調される。

フロイトがエディプス・コンプレックスや、トーテムとタブーにこだわったのは、明らかにフロイトにとっては掟とは初めからそこにあるものであったからである。人間の性は、掟によって実現されざるを得ない。この基本的な掟が、まさに象徴化という掟であり、エディプス・コンプレックスが言わんとしていることである。

去勢

エディプス・コンプレックス期と同じ発達の段階において、象徴化の起源の点である是認、いわば何らかの原初的な否定とでも言うべきもの、すなわち欲望の原因としての原初的な対象との分離、去勢体験が生じる。

人間主体による現実の最初の理解は、実在という判断であり、その本質は〈これは私の夢や幻覚や表象ではなくて、対象なのだ〉ということであるが、フロイトの弁証法における現実原則が示していることは、主体は欲望の対象そのものを〈見出す〉ことはないということである。つまり動物界に見られるように、多少とも躓きはしながらも、それで相当な程度に予め備わった、本能的適応という自然の水路やレールによって、主体は欲望の対象そのものへと導かれることはなく、逆に主体は代わりの対象を〈再発見〉しなければならず、欲望の原因としての対象そのものの出現は基本的に幻覚だということである。現実原則とはまさしくそういうことである。そしてこの代わりの対象が、問題となっている欲求を、程度の差はあれともかく満たすことになるのである

こうして人間主体は、純粋に象徴的な経験、去勢体験〈欲望の原因の対象そのものではなく、その代理対象で満足しなければならないということを学ぶ〉を通して、現実へと正しく位置づけられ、このことは現実感の獲得や異性愛を可能にするファルス機能を授けられていることを意味する。

「この去勢ということの優位をフロイトは決して放棄しませんでした。それは、フロイト理論の物質的、説明的な面に終始一貫して認められる不変数であり、変わることなく優位に立っているものです。何らかの精神分析的現象の物語が書き込まれる主体の相互作用に関する理論的発展の中で、彼は去勢の位置を、他の何かに従属させたり、それを相対化したりしたことは一度もありません。去勢に匹敵するものとか、それと等価なものをでっち上げようとしたのは、彼の取り巻きや、精神分析協会の方です。フロイトの著作においてはファルスという対象は、男でも女でも、リビドー経済における中心的位置を占めているのです。(2)」

3　父の名の排除、ファルス機能の排除、症例シュレーバー

精神疾患のカテゴリーは今から約一〇〇年前に、クレペリン(一八五六―一九二六年。ドイツ人精神医学者。フロイトとならんで、現代精神医学の礎を築いた人物の一人)によって、神経症、精神病、性倒錯に分類された。フロイト、ラカンはこの三つのカテゴリーを、エディプスコンプレックス、去勢に対する構えに応じて、神経症においては去勢不安、性倒錯においては去勢の否認、精神病では去勢の排除という構造から理解しようとした。

このpartでは、精神分析の実践の対象となりうる神経症と精神病を、前期ラカン理論に基づいて理解して行こう。

神経症

去勢不安を内的に抑圧した感覚が外部に向かって繰り返し投影され、抑圧された内容は症状として回帰する。

抑圧ということの内部で、患者は新たに生じた現実と折り合いをつけることは可能であるがその困難度に応じて、現実からの部分的な逃避、秘かに保持されている一部の現実と直面できないということが二次的に起こり得る。つまり現実が象徴的な仕方で十分に外的世界の中で再-分節化できず、現実感が希薄になることが起こりうるが、神経症の患者はエディプス・コンプレックス、去勢を経験している、つまりファルス機能は保持されているので、後に見るような精神病の患者における現実感、自明性の喪失とは異質である。

精神病

あらゆる象徴化に先立つ段階で、象徴化の一部が行われないということが有り得る。患者の存在に関する原初的なあるものが象徴化の中に入らないということ、抑圧されるのではなく排除されるということが起こり得る。これこそが父の名の排除であり、前期ラカンの理論において、精神病を特徴付ける最たるものである。

排除に関するフロイトの発言を引用しつつ、ラカンは次のように言っている。

（2）ジャック・ラカン『セミネール第三巻　精神病（上下）』小出浩之他訳、岩波書店、一九八七年、下二七一頁。

「「主体は、抑圧という意味においてすら、去勢について何一つ知ろうとしなかった。」実際、抑圧という意味では、知りたくないと思っているものを或る意味では知っているわけです。（中略）一方抑圧という意味においてすら患者がそれについて知ろうとしないものがあるとしたら、抑圧とは別のメカニズムが想定されます。「排除」という語は、今挙げた文章やその数頁前からの文脈との関連で提出されています。[3]」

エディプスを経験しない神経症は存在しないが、精神病においてはエディプスが機能していないのである。

父と呼ばれるものが機能するためには、母親が、父親の言う事、父親の権威を重んじていることが必要である。しかし逆に、子供に対して落度や無能や欺瞞すべてが排除された理想的な父親においても、父の名が機能していないことが特別の頻度で観察される。

精神病の患者においては、父の名が排除され、エディプス・コンプレックスや去勢が経験されていない結果、ファルス機能も排除され、異性愛を築く上での困難を抱えることになる。

したがって、たとえば代表的な精神病の一つであるパラノイアの患者においては、同性愛的傾向という無意識的衝動が観察され得る。

ラカンは、フロイトがパラノイア患者として言及したダニエル・パウル・シュレーバー議長の症例を再解釈した。詳細は後に譲るが、彼の場合も父親に対して女性の立場に置かれていた。シュレーバー以外にラカンが精神病者の例として彼のセミネールの中で言及したものに、思春期の男の子の症例がある。この男児においても、その精神病の発病以前に男性性・ファルス機能の排除が読み取れる。

「カタンはある症例の報告をしていますが、その症例を彼は、シュレーバーの前精神病期にあたる時期よりもずっと早い時期に診察しています。この症例が精神病へと変化していくところを直接に観察することができたのです。その症例は、思春期の男の子でした。カタンは、この症例の前精神病の時期の全体を分析し、この患者には男らしさという形で自身を実現できるような段階に到達したものは何一つ無いと言っています。すべてが欠けていたのです。そして、もしこの子が、男らしい態度を身につけようとするならば、仲間の一人の真似をしたり、くっついたりする以外にはありませんでした。仲間の子の真似をして、その子と同じように、この患者も思春期の性的目覚めに伴う行為、つまりマスターベーションに手を染めます。しかし、彼はその後、その仲間の子の禁止に従ってこの行為をやめています。そして、その子に自身を同一化して、克己的な一連の修練を始めます。患者はこうして、あたかも厳格な父親の下にいるかのように振舞うことになるのですが、実はその仲間の子の父親こそ厳格な父親だったのです。そして、やがてこの患者は、その仲間の子と同じように、一人の女の子に想いを寄せるのですが、その女の子は、あたかも偶然のように、例の仲間の子が想いを寄せている子と同じ子でした。その仲間の子との同

(3)『精神病』、上二五〇頁。

一化が、そのままもっと先まで続いたならば、その女の子はこの患者の腕の中に抱かれることになったでしょう。

ここにヘレーネ・ドイチュ夫人が分裂病の症候学の意味深い点として取り出した「かのような」というメカニズムがはっきりと現れているのがお解りでしょう。これは――ここで三つの領域を分けることの有用性を確認していただけると思います――想像的な代償のメカニズムです。つまり、それは彼に男性性を、父のイマージュという形ではなく、シニフィアンという形で、すなわち「父の名」という形で与えていたはずのエディプス、そのエディプスの不在の想像的な代償です。(4)」

ファルスは異性愛を可能にするシニフィアンであるが、性と関連して身体感覚や、身体を持って世界内に存在しているという現実感を与えるシニフィアンでもあるため、その機能が排除されている精神病においては、外的現実との間に、穴・断絶・裂開・裂け目がある、すなわち精神病の患者は、人間の経験の日常的なこと、誰にでもあることを支えている絶えざるディスクールに関係する何らかの欠落、現実感や自明性の喪失にさらされているのである。

それでも、発病前の精神状態は辛うじて安定している。分かりやすい喩えを使うと、四本足のテーブルの一本が欠けている状況を想像していただきたい。テーブルは三本足でも辛うじて安定を保つことはできるが、そこに負荷がかかるとついには倒れてしまう。欠けている一本足が父の名に相当し、テーブルが倒れてしまった段階が精神病発病の時である。実際に発病後の患者は、大文字の他者、父のいない生の現象に直面して、当惑した状態にいる、つまり大文字の他者、父が完全に排除されることによって、二つの小文字の他者だけで閉じてしまうのである。

この場合主体は、小文字の他者との間に、欲求不満や攻撃性という関係しか持てなくなる。この小文字の他者が主体を否定し、想像的疎外関係が支配的になる。この疎外的関係は、鏡像段階の関係の両極であり、主体は器官的多数性、身体的寸断状態にあり、鏡像段階以前へ逆行しつつある。

精神病の中でも比較的軽症なパラノイアの患者は発病後、妄想が自ずと構築され、それが防波堤となり、前鏡像段階への完全な退行を辛うじて免れ、一見したところの人格水準は保たれ、社会生活を送ることも可能である。一方統合失調症においては、妄想は支えになりえず病気の勢いになすすべもなく前鏡像段階にまで押し戻され、幻聴等の幻覚が出現する。

「「内的に抑えつけられた感覚が」(中略)「外部に向かって新たに投影される」――このことは、抑圧されているものと、抑圧されているものの回帰ということです――「という言い方は正しくない。むしろ、我々は、拒絶されたものが」(中略)「外部から回帰すると言わなければならない(5)」」。

(4)『精神病』、下六〇頁。
(5)『精神病』、上七五頁。

排除された父の名が外部から幻覚として回帰するのである。
このpartは、シュレーバー議長の解説で終了する。

症例シュレーバー

元ザクセン州控訴院院長、ダニエル・パウル・シュレーバー法学博士の症例。最初の発病は一八八四年秋に、当時ケムニッツの州裁判所長であったシュレーバーが、帝国議会に立候補した際に起き、一八八五年末に全快した。当時この患者を六か月間自分の診療所で診療したのがフレヒジッヒ博士である。

二度目の発病に先立つ一八九三年六月に、近く控訴院長に任命されるということが彼に通告された。その頃のある朝、睡眠から覚醒しかけた移行状態で「女になって性行されたらどんなにすばらしいだろう」という考えを抱いた。同年一〇月一日に院長の任についたが、同月末に不眠症を発症し、あらためてフレヒジッヒ博士の診療所に行ったが、そこで彼の病状は急速に悪化した。迫害妄想にとりつかれ、彼を迫害していると思い込んでいるいろいろな人々、中でも彼が最初に非常に世話になったフレヒジッヒ博士を何度となく罵った。幻視や幻聴も頻発するようになった。

一八九四年六月、ピルナのゾンデンシュタイン精神病院に入院し、そこに入院中、幻覚性妄想状態と名付けられた状態に引き続いて、パラノイアの病像が次第に決定的な形で出現し、症状が結晶化した。一方で彼は、手のこんだ妄想構築を展開しながら、一方では自己の人格を再構成し、人生上の様々な課題を見事に解決できる手際を見せている。

入院中のシュレーバーは、錯乱するわけでもなく精神活動が制止されたわけでもなく、彼の知能もなんら特別な障害を受けているようには見えなかった。彼の意識は清明であり、記憶力も優秀で、法律上の事柄だけでなく、多くの他の領域についても膨大な知識を蓄え、秩序正しく思考することができた。彼は政治、科学、芸術などに興味を寄せ、絶えずそれらと交流を持った。それにも拘わらず、患者は病的な妄想に満たされていた。それらの妄想は、一つの完全な体系を成しており、多かれ少なかれ固定化されたものであり、訂正困難であった。患者は自分がまだ生活力を持っていると考えており、精神病院から退院する計画に着手した。同院長ヴェーバー博士は当初この患者の要求に猛然と反対したが、結局はこの要求を容認せざるを得なくなった。

一九〇〇年の同博士による報告書が以下の通りである。

「筆者はここ九か月というもの、毎日家庭的に食卓をともにしながら、シュレーバー院長とあらゆる話題について話し合うきわめて有益な機会を得た。たとえどんな話題が――彼の妄想観念は当然除外されたにしても――交わされたにしても、とにかくそれらは国政、法律、政治、芸術および文学、社会生活の万般にわたっており、しかも到るところでシュレーバー博士は、非常な興味、徹底した知識、優れた記憶および正確な判断、倫理的な面でも賛成するほかないような正しい理解を表明することができた。同じように彼は、その場の婦人たちとの軽いおしゃべりでは朗らかで愛想がよく、いろいろなことをユーモラスに扱う点にかけてはいつも如才なく、かつ上品であった。(6)(後略)」

自分の自由を勝ち取るために繰り返して提出した裁判所への陳述書の中で、シュレーバーは自分の妄想の存在を少しも否定せず、自分の貴重な「回想録」を世間に公表する意図を抱き、少しも隠し立てしようとはしなかった。

結局、パラノイア患者シュレーバーに下されていた禁治産の宣告が一九〇二年七月に解除された。その翌年には彼の「ある神経病患者の回想録」が出版された。

彼の妄想体系を要約すると、「彼は世界を救済し、失われた幸福を再びこの世にもたらすことを自分の使命だと確信している。しかしそれが実現されるためには、彼があらかじめ男性から女性に性を転換させておかなければならない。」ということになる。

妄想の最終段階については、一八九九年にゾンデンシュタイン精神病院院長のヴェーバー博士から提出された報告書に詳しい。

「患者の妄想体系は、自分が世界を救済し、人類に失われた幸福を、再び取り戻すべき使命を帯びていると信ずる時に絶頂に達する。彼の主張によれば、ちょうど予言者から教えられるように、神から直接与えられる霊感によって自分はこの使命を課せられたのであった。長年にわたって自分がそうであったように、特別に興奮しやすい神経の持主は、とりわけ神に働きかける特性をもっているが、ただしその際に問題となるのは、人間の言葉によっては全く表現できないか、あるいはできても非常に難しい事柄である。

なぜならば、その事柄は人間の経験の範囲を超えていて、自分にしか啓示され得ないことだからである、というのである。彼の救済事業の最も本質的な点は、何よりもまず、彼自身の女性への転換が行われなければならないという点である。要点は、彼が女性になりたいということでなく、むしろその転換が世界秩序に基づく〈必然《ねばならぬ》〉によるものであって、たとえ彼自身から見れば今の栄誉ある男性的地位にとどまった方がむしろ好ましいことだとしても、どうしてもその〈必然〉を脱《のが》れることはできない。しかし今や彼自身および人類全体は、ことによると数年あるいは数十年後に彼の上におこるかもしれない神の奇蹟による女性への転換によって、初めて来世の幸福を回復することができる。

さらに自分にとってこれは確実なことだと言うのであるが、神の奇蹟が行われる唯一の対象は、現在までに地上に生を享けた人間のうちで最も記念すべき人間、すなわち彼であり、彼は数年来毎時毎分この奇蹟を自分の身体で体験しており、彼と語り合うもろもろの声によっても証明されるように、明らかに彼はその奇蹟を体現している。

彼は発病当初の数年間に、彼の身体の各器官の障害、すなわち他の人間がかかったらきっととっくに死んでしまっていたはずのもろもろの障害を受け、長い間、胃も、腸も、肺さえほとんどなしに、ただぶつぶつに切れた食道だけで生きてきた、膀胱もなく、肋骨はばらばらで、時には自分の喉頭さえも部分的に食べてしまうようなことがあった、等々。

しかし神の奇蹟（「光線」）が、破壊された肉体をそのたびごとに造り直してくれた。それゆえ

（6）ジークムント・フロイト『フロイト著作集9』小此木啓吾訳、人文書院、一九八三年、二八七―二八八頁。

彼は、男性である間は不死身である。あの恐ろしい現象はとうの昔に消えたが、その代り彼の〈女性的性質〉が前面に現れてきた。その場合問題の発展過程は、その完成に多分数百年とはゆかなくても、数十年は要するであろうから、今生きている人々がその終末を体験するのは難しいだろう。すでに多量の〈女性的神経〉が自分の身体中に移されており、自分は神と直接に結びつくことによって受胎し、その神経から新しい人間が生まれるであろう。

おそらくその時初めて自分は自然の死を死ぬことができ、またあらゆる他の人間と同じように、再び幸福を獲得するであろう。そしてその間に、太陽ばかりでなく、〈過去の人間の魂の不思議な名残〉のようなものであるところの木々や小鳥が人間の声をかりて彼に語りかけ、彼をめぐって至るところに奇蹟が起こるであろう(7)」

精神分析的解釈

第一回目の発病時に女性への転換という妄想が現れ、その妄想が最初の内は激しい被害妄想の結果体験されたものと診断された。この迫害者と見なされたものは、初めがフレヒジッヒ教授で、後になって彼の代わりに神自身がその役目を与えられた。

シュレーバーは五一歳という若さで、重要な控訴院議長に昇進したが、彼はこの職務に茫然自失となり、一か月で過労に陥り、第二回目の発病に至り、救済意識、誇大妄想へと発展した。シュレーバー議長の妄想は、失敗の感情というより、成功のめまいに由来している。これは、彼に男性としての機能、ファルス機能が排除されていたことを示唆する事態である。第二回目の発病以降、彼に寸断された自己身体像という幻覚（九九頁の引用参照）が生じることとなるが、これは前鏡像段階への退行を示す現象である。

「シュレーバー議長の場合には、この欠落は男という原初的シニフィアンの欠落ということになりましょう。何年もの間、シュレーバーはこのシニフィアンに匹敵するかのように見せかけることができていました。つまり彼は、皆と同じように男としての機能を果たしているかのように、そしてまた何者かであるかのように見えたのです。しかし、男性‐性こそは、まさに彼にとってその何かを意味しています。何故なら、妄想の侵入に際して彼が必死に抵抗するその当のものこそが、まさに己れの性に関する問いという形で、突然に現れてくるからです。つまりそれは、「女になって性交されたらどんなに素晴らしいだろう」という外からやってくる幻想のような呼びかけです。妄想の発展を見れば、彼には性として自己を実現し確かにする方法は、自分を女と認めること、女へと変化してしまった者と認めること以外にはないことが解ります。これが妄想の主軸をなしています。(8)」

女性への転換という考えこそ、妄想形成の最初の萌芽、噴出点であった。彼は時折女性の装身具

(7)『フロイト著作集9』、二八八―二八九頁。
(8)『精神病』、下一六一頁。

を身につけ、半ば上半身半裸で鏡の前に立って自分を映してみたりなどしていた。ドレスデンに移る前の疾患潜伏期に見られた夢を思い出してみると、女性への転換という妄想があの夢の内容の実現にほかならないことが明らかとなる。その当時彼は、男性としての意地によってこの夢に抵抗したのである。しかしその彼が、この性転換と和解し始め、それを神のより高き意図と結びつける時期（一八九五年）がやってきたのである。このような脱男性化妄想の実行と同時に彼が行ったこと、自分の救済事業を認めさせるために着手した仕事こそ、回想録の発表であった。

シュレーバーが描写している世界は、言葉にできない症状の後、つまり彼の存在の苦しく辛い大混乱の後に、彼がたどり着いたある着想に従って書かれている。この着想のお蔭で、彼はその精神病を支配できるようになったが、その着想とは、自分は神の女だということである。このことから、すべてが理解され、すべてが整理されている。さらに言えば、全てが全人類にとって整理されることになる。というのは、存在の奥底にいたるまで脅かされている人間性と、彼がこのような特異なつながりを持っている神の力との媒介者の役割を彼が果たしているからである。神の女として自分を位置付けるこの和解の中で、すべてが整理される。

「私達は、シュレーバーがためらい勝ちに（中略）、両価的に、徐々に同意していく中で、混乱した世界をいかにして再構成していったかを一歩一歩辿ることができます。彼は次第にこの混乱した世界から脱れる唯一の方法、つまり内的な喧噪によってバラバラになったランガージュの土台をなしている欲望と、侵害する実体との係わりの中でいくらかでも安定を保つ唯一つの方法は、自身が女となることを受け入れることだと認めるようになるのです。結局、馬鹿な男であるよりは賢い女である方がまだましではないかというわけです。こうして次第に彼の身体は女への同一化というイマージュによって侵害されます。（中略）こうして初めて彼は、世界が彼の危機の始めから、表面上はそれ程変化していないということに気づくのです。現実という感覚の回帰です。(9)」

ファルス機能の排除を反映する脱男性化・女性化という妄想が、排除された父の名を代わりに穴埋めし、現実感が回帰する。これによってシュレーバー症例は最終的な解決を見た。

最後にラカンの美しい表現でこのpartを閉じよう。

「精神病は地震による落下がついにそこに至る凍えた破局を表しているのではなく、むしろ、みごとな解決の問題が取りあげられるときに口を開かせる、そうした能率線の誕生を表わしている。(10)」

(9)『精神病』、下一六七―一六八頁。
(10) ジャック・ラカン「精神病のあらゆる可能な治療に対する前提的問題について」、『エクリII』佐々木孝次他訳、弘文堂、一九七七年、三三九頁。

4　ボロメオ理論、父の名の欠如／ファルス機能の欠如、症例ジョイス

一九七〇年代になると、本幕の第二partで述べたエディプス・コンプレックス、去勢概念を念頭においた精神病理論だけでは、実践の現場で対応しきれなくなってくる。それは、一九六八年のいわゆる五月革命がそのメルクマークとして引き合いに出される社会構造の急激な大衆化が、人々の精神症状に変化を及ぼし始めたからである。

フランスの精神医学には病者提示というシャルコー以来の伝統があり、指導的な立場にある者が他の臨床家たちの前で入院患者の公開診察を行い、診察終了後にその症例を検討する。ラカンも一九五〇年代から一貫してサンタンヌ病院でこの病者提示を行ってきたが、一九七〇年代に入ると、症例ジェラールを初めとして社会の大衆化を反映する精神症状の変化を目の当たりにする。

つまり、妄想や幻覚といった古典的なパラノイアや統合失調症の症状が顕著ではない一方、現実感・身体感覚の欠如、言語新作をはじめとする特異な言語使用、集団からの孤立、奇妙な言動、異性関係の欠如、独特の浮動感、社会や法に対する逸脱行為といった特徴から、神経症ではなく精神病と判断せざるをえない患者に出会うようになるのである。社会の大衆化（大文字の他者の不在化）が進むとともに、精神病もまた大衆化されてきたかのようである。

そのような変化が現れ始めた時期に、ラカンはそれを敏感に察知し、まず長らく絶版になっていた彼の博士論文（「人格との関係から見たパラノイア精神病」）の復刊を許可した。このことは、神経

症と精神病の境界が不鮮明になるとともに、妄想の定義自体が自明ではなくなったことを反映しており、従来の父の名や去勢の概念を中心に据えた構造主義的解釈のみでは対応しきれなくなったことを如実に示している。

その上でラカンは、ジル・ドゥルーズやフェリックス・ガタリのようにアンチエディプスを唱えるのではなく、エディプスを超えるべく新たな精神病の理論の創出に向かった。その舞台となったのが、一九七五年〜一九七六年に「サントーム」と題しておこなわれたセミネールである。症例ジェラールもこのセミネールの中で取り上げられた。

これに遡る一九七二年〜一九七三年に「アンコール」と題して行われたセミネールにおいてラカンは、人間主体の構造を象徴界、想像界、現実界の三つ巴の輪から成るボロメオ結びで捉えることを提唱していた。セミネール「サントーム」ではそれに加え、これら三つ巴の輪から成るボロメオ結びのほどけが精神病の構造になぞらえられた。

「父の名」(父を頂点とするヒエラルキーを含意している)の排除から、お互いに等価で相補的な関係にある三つの輪から成るボロメオ結びのほどけへ、というパラダイムシフトは、ヨーロッパ社会における父権の失墜と呼応している。

このセミネールでラカンは、アイルランド出身の作家ジェイムズ・ジョイス(一八八二年〜一九四一年)の作品群を手掛かりに、彼の精神分析を進めていく。診断すれば、特殊な統合失調症、すなわち前鏡像段階まで退行しそうでなかなか退行しない統合失調症である。統合失調症の症状を呈しながらも、人格崩壊にまで至ることはなく、晩年まで小説を発表し続けることができた。いや、正確にはエクリチュール（書くという行為）があったがゆえに、人格レベルが辛うじて保たれていたと言うべきである。

ラカンはこのエクリチュールに相当する部分をサントーム、つまり象徴界、想像界、現実界に続く第四の輪として新たに導入する。サントームの輪こそが、精神病者におけるボロメオ結びのほどけを繋ぎ止めるのである。

ラカンはジョイスに直接会って、診察を担当した経験はない。ラカンはジョイス自身を投影したと想定される小説群を手掛かりにして、作家の症状を解読していったのである。以下に、セミネール「サントーム」の中で、ジョイスの中心病理が浮き彫りになっている箇所を取り上げ、後期ラカンの精神病理論の解説を行おう。

父の名の欠如、ファルス機能の欠如

「「ユリシーズ」は、ジョイスが彼の全否定する父親に深く根ざしている根拠を示しています。それがまさしく彼の症状です。[11]」

「（ジョイスは）飲んだくれで多少なりともアイルランドのカトリック教徒、つまり狂信的な父親の元、ダブリンに生まれました（中略）。しかしジョイスの陰茎はいささか役立たずだったので、いわば彼の芸術は代わりにファルスの責務を補っていました。[12]」

「彼自身（ブルーム）は（男と女）の二つの性のうちどちらなのかは明らかでないと感じていたので、自分は父親なのか母親なのかを自問する以外になかったのです。ジョイスのテキストの隅々にまで渡って間違いなく確認できることは、ジョイスは彼の妻に対して母親のような感情を抱いて（接して）いたということです。彼は彼女を自らの胎内に宿しているかのごとくでした。[13]」

「『逃亡者たち』を読むことによって、ジョイスにとっての症状に真に接近可能となります。中核的な症状とはもちろん、性的関係の根本的な欠如という、今更どうしようもなくなった症状のことです。しかしその欠如にも様態が必要です。それはどんな様態であってもよい、という訳にはいきません。それはジョイスを彼の妻、つまりノラにくくりつけるものであり、その統治下にあって彼は『逃亡者たち』をひねり出したのです。[14]」

「しかし、もし私の話にこれまで理解してついてこられたのであれば、件の手袋が全くの無害ではないことがお分かりでしょう。裏返しになった手袋、それがノラです。（中略）彼女はジョイ

（11）Jacques Lacan, *Le seminaire livre XXIII, Le sinthome*, p.70, Seuil, Paris, 2005
（12）*Ibid.*, p.15
（13）*Ibid.*, p.73–74
（14）*Ibid.*, p.70

スに対して手袋のように機能しました。

私がこの方向で話を進めるのは気まぐれによるものではありません。ジョイスにとっては、女性は一つです、つまりそれはいつも同じタイプの女性であり、彼は最大の嫌悪でもって手袋を手にはめるようにそういうタイプの女性に接していました。最悪の評価によってのみ彼がノラを選ばれた女性としたのは明らかです。彼女がジョイスにとって手袋として機能したということだけでは不十分で、彼女が手袋のように彼を締め付けていなければならなかったのです。彼女が何かの役に立つということに関しては、皆無でした。」(15)

まずジョイスの父親は、ジョイスとその母親の近親相姦的二者関係に割って入り、彼に象徴界の法を授ける、象徴的な父の機能を果たしていないことが読み取れる。これは、前期ラカン理論における父の名の排除に匹敵する事態である。実際に、ジョイスの父親は、アルコール依存症でジョイスの養育を一切放棄した、いわば不甲斐ない父親だったのである。

その結果として、本幕第二、第三partでも見たようにファルス機能に支障が生じることが予想されるが、実際にジョイスは、異性愛を築く上でハンディを背負いこむことになる。彼が、唯一関係を持った異性、すなわち彼の妻ノラとの関係は、ラカンによるとお互いに手袋の表と裏のような関係、すなわち対称関係にあり、男と女という非対称な関係ではなかった。また、ジョイスには母親との二者関係に割って入る第三者としての父が欠けていたので、倒錯者のように母親に同一化し、実際彼はノラに対しては母親のように接していたのである。一方ノラはジョイスに、まるで手袋が締め付けるように接していた。この表現からジョイス自身のノラに対する、前エディプス期の幼児が母親の得体の知れない欲望を前にして抱くような幻想、妄想（ゴヤ作のわが子を食らうサチュルヌスの如く）が読み取れる。

以上のことから、ジョイスにおいて、本幕第三partで見た、父の名の排除、ファルス機能の排除が見られるが、ラカンは本セミネールでは、排除（forclusion）ではなく欠如（carence）という言葉を当てている点に着目されたい。この頃の彼は、ボロメオ結びのほどけによって、父の名・ファルス機能の欠如を理解していたからである。

想像界の輪の脱落

「（ジョイスの）同級生たちが彼を有刺鉄線で柵にくくりつけ、滅多打ちにしました。この驚くべき事件の主犯格の同級生はヘロンという名で、（中略）ヘロンは他の何人かの同級生の手を借りて一定の時間ジョイスを殴り続けたのです。

事件の後（中略）彼は全ての問題は果物の皮がむけおちるようにして解決されたと言ったのです。（中略）苦しんだり、対抗したりと（事件）と切り離せない心の動きがあるべきなのに、ジョイスが示したところによると、四、五人の同級生によって棒で殴られた後でもそういう心理的反

（15）*Ibid.*, p.84

応はなかったのです。ジョイスの場合は、過ぎ去って、果物の皮のように離れて行って欲しいと願うことしかありませんでした。

身体的に暴力を被ってもそれに対して感情を抱かない人がいるということは興味深いことです。(中略)とても印象的なのは、彼が用いた隠喩、すなわち果物の皮がするりとむけるように何かが剝がれおちていったという表現です。(中略)彼は、嫌な思い出を脇に置くか追い払うかのようです。(中略)自我が自己愛的であると言われる所以は、ある一定の程度で身体をイメージとして引き受ける何かがあるからです。ジョイスの場合には、さきほどのケースで身体イメージが彼には関わりをもたないことが判明したわけですが、そのことにより自我は彼においては極めて特殊な機能を持っているということにはならないでしょうか?[16]」

前の part の結論から、ファルスというシニフィアンがうまく機能していない結果として、性別化の混乱に加えて、身体感覚、現実感に異変が生じるはずである。実際ジョイスにおいても、同級生からリンチを受けたにもかかわらず痛いという感覚や悔しいという感情は沸いてこない。ラカンはここで、身体イメージに関わる想像界の輪が〈果物の皮がするりとむけ落ちるように〉落下することによってボロメオ結びがほどけてしまい、本来象徴界と現実界の輪の交差によって示されるべきファルス的享楽が消失し、身体感覚や現実感が喪失されている、と解釈する。

サントーム

「私が最初にサントームとして定義したものは、結びの失策によってお互いにほどけてしまった象徴界、想像界、現実界を再び繋ぎとめることを可能にするものです。（中略）私は、これがジョイスに起こっていることの核心であると考えました。ジョイスの症状の発端は、彼には「父」が欠如している、根本的に欠如している点にあります。私は（ジョイスという）固有名を巡る物事に焦点を当て（中略）彼は自分の名を成すことを望むことによって、父性の欠如の埋め合わせをしたのだと考えました。（中略）ジョイスの芸術は特殊であり、サントームという用語が見事に合致します。[17]」

「声に関しては、ジョイスに押し寄せる声が存在しなかったとは言えません。初期の評論に始まり、次いで「若き芸術家の肖像」から「ユリシーズ」に至り、「フィネガンズ・ウェイク」で終える彼の一連の労作において、彼の芸術におけるある意味「進化」において、ジョイスに押し寄せる声が次第に増悪していったと考えざるを得ません。彼に押し寄せる声が最初はそのまま文字になり、次第に打ち砕かれ、バラバラになり、ついに言語そのものが解体されるまでに至った。

（16）*Ibid.*, p.148–150
（17）*Ibid.*, p.94

この点は、今年の初めに触れましたが、フィリップ・ソレルが見事に言及しています。ジョイスはついに、言語そのものが音素的痕跡をもはや認めなくなるまでに裂け目を入れ、分解したのです。

ここで、書くという行為による内省が行われていたことに疑問の余地はありません。書くという行為を介して、押し寄せる声は分解されたのです。[18]」

ほどけた三つ巴のボロメオの輪を補修するサントームとして、ジョイスにとっては小説を書くという行為（エクリチュール）があった。書くという内省行為により、彼は病的体験に対抗しようとしていたのである。それでも、ジョイスの小説は年代を経るにつれて文体が解体され読解不能になるが、ここから彼の統合失調症が徐々に進行して（初期統合失調症や精神自動症における自生思考や考想化声のレベルから幻聴レベルへの悪化）前鏡像段階まで退行しつつある過程が読み取れるとラカンは言う。

そして彼の娘、ルシアは典型的な統合失調症であった。

父の名の欠如という系譜

「すなわちジョイスは彼女を医者に診せることを頑なに拒んだのですが、彼はたった一つの事を明言しています、つまり彼女にはテレパシーの能力があると。手紙の中で彼はこの点に関して書いているのですが、そこで彼は、ルシアは他の誰よりも遥かに知性に恵まれており、彼女はある一定の人（の内面）に起こっていること全てを（奇蹟によって、と明言はしていないけれども）ジョイスに伝えていた、彼女に対して他の人は秘密を持ちえなかったと記述しています。

ここに瞠目すべき何かがあるでしょうか？　私はルシアが本当にテレパシー能力を持っていたとは微塵も思いません、（中略）私が思うに、こう言ってよければ、ジョイスは自分の娘を守るために、さしあたり彼自身の症状と呼ぶことにするものの延長を彼女の中に見ていたのではないでしょうか。

ジョイスの事例に接して、私の患者の経過を想起せずにはおれません。（中略）いずれにせよ、私が一番最近にサンタンヌ病院のいわゆる病者提示の症例として扱った患者の例から考えると、ジョイスがルシアを守るために、彼女に関しテレパシーの能力があると言った事実は、「父」の欠如のまさに意味するものを彼自身が証明してしまっている、ことを明らかに指示していると思います。(19)」

ジョイスにとって彼の父は象徴的な父の役割を果たしていなかったのと同様に、ルシアにとって

(18) *Ibid.*, p.96–97

(19) *Ibid.*, p.96–97

の父、すなわちジョイス自身も彼女にとって父の役割を果たしていなかった、まさしく彼女においては父が排除されていたのである。ここに、精神病者の家族における父性隠喩の排除、欠如という世代間連鎖が見て取れる。生物学的精神医学であれば、ここにＤＮＡの仕業を想定するが、ラカン派精神分析は父の名の排除という偶然の連なりを確認する。

症例ジェラール

「先週の金曜日私の病者提示において私は、「押し寄せる声」というサントームによって始まったある症例、紛れもない精神病の症例を担当しました。（中略）その病者提示以来私の注意を引くことと言えば、その患者の状態は悪化の経過をたどっていたという点です。彼は声が押し寄せるという感覚を経験して以来――私の見解ではこの感覚は信頼に値しますが――彼自身がテレパシーと呼ぶものによって悩まされているという感覚を抱いてきました。しかしそれ（テレパシー）は通常の意味、すなわち他人のことが彼に告げ知らされるということではなく、彼の中で密かに行われていること、すなわち極めて私的な内省、押し寄せる声とは別個に彼に生じている、紛れもない内省が皆に知られる、ということです。

たとえば、卑劣な政治的暗殺（sale assassinat politique）、あるいはこれによく似ているのですが軽蔑に値する政治的援助（sale assistanat politique）という語が彼には聴こえます。ここで、シニフィアンが同音異義的に変化しているのがよくお分かりでしょう。卑劣な援助あるいは卑劣な暗殺、いずれも政治的なということですが、に対して彼は密かに、「しかし」で始まる内省思考で対応します。しかし彼を狂気に追い詰めるものとは、押し寄せる声と彼が見做すものに対してなされた内省の内容が他の人全てに否応なしに知られるという思考です。

したがって彼は、自らも言っていたようにテレパシーの発信者なのです。言い換えれば、もはや彼には秘密はなく、留保の余地は皆無だったのです。まさにそれゆえに彼は決着、つまりいわゆる自殺を試みたのであり、そういう状態であったが故に彼は入院し、結局私は彼に関心を持ったのです。[20]」

セミネール「サントーム」で取り上げられているこの症例こそ、第一幕で登場した症例ジェラールである。構造主義的精神病論から、ボロメオ理論を駆使した後期ラカンの精神病論へと移行していく過程を理解する上で、ジョイスとならんでジェラールの症例は欠かせない。しかしその症例解説の前に、それらとほぼ同時代、ドイツでブランケンブルクという精神病理学者によって扱われた症例を見ておくことにしよう。ボロメオ結びのほどけを補修するサントームというラカン派精神分析の概念が、精神医学臨床においても広くその射程をもつことを理解することで、症例ジェラールにおけるラカンの精神分析的介入に対する真の理解が得られると確信するからである。

(20) *Ibid.*, p.95–96

5　内省型精神病と非内省型精神病、症例アンネ・ラウ

一九七五年〜一九七六年にかけてラカンが提唱した、ボロメオ結びのほどけをサントームが補修するタイプの精神病と、ブランケンブルクなどが指摘する内省型精神病を比較することは、今日の精神科臨床において精神病を理解する上で極めて意義深い。

ブランケンブルクはその著書『自明性の喪失』[21]の中で、精神病の患者における情態性、すなわち情緒生活や気分の領域ではなくて、体験するということを規定する超越論的な枠組み、自己および世界との関係の在り方、の変化をテーマに議論をすすめている。精神病の患者においては情態性が変化し、その結果現実感や生の実感、身体感覚が喪失して、空虚な苦悩、無関心、浅薄な、気が抜けた、平板な、支え、後ろだてがない感覚に支配されるようになる。ブランケンブルクはこのように、情態性の変化に着目して精神病に関する議論を進めていくが、さらに精神病を以下のように非内省型と内省型の二つのタイプに分類している。非内省型は統合失調症の典型例のような精神病、内省型はジョイスやジェラールの症例のようにより軽症の精神病に該当する。

（a）非内省型：自己や世界についての理解が情態性の変化によっていわばまきこまれて消失してしまう場合。マイヤー゠グロスのいう、ひそやかな圧倒という類型がそれに当てはまる。理解は極端な形でその地盤を取り去られ、いかなる形の対決や秩序回復の試みの余地も残されない。鈍感

さ、空虚さ、無関心さを始めとしてほとんどあらゆる精神生活の荒廃が出現する。
（b）内省型：自己や世界についての理解が、基盤の変移として現れてきた情態性の変化によって動かされることがない場合。情態性、とりわけ共同情態性の自然な基盤が失われる程度に応じて、自然な自明性の基礎をなしているような理解であることをやめる。理解は純粋な確認にまで縮減され得る。情態的なものでなくなったこのような理解は、無情態性の理解にまで退き得る。特定の不可解さ（ミュラー＝ズーア）が患者たち自身にとって中心テーマ、つまり中心内容になる。このことは、たとえばアンネが繰り返し繰り返し、「私には全てのことが全く理解できません……」と絶望的につぶやくことに、はっきりと表現されている。特徴的なのはこれらの患者（アンネ・R、カールハインツ・E、ヴィルヘルム・G、ヘルムート・W、エリザベート・H、カールハインツ・Z、ウルリッヒ・Eなど）すべてにおける高水準な自省性と日常生活のほんのささいな問題が解決できないこととの間のギャップの大きさである。彼らの理解はその自律性を保っている、つまり妄想化はしていない。

（a）に関して。統合失調症を発病後は、「ひそやかな圧倒」により前鏡像段階にまで押し戻され

(21) ヴォルフガング・ブランケンブルク『自明性の喪失　分裂病の現象学』木村敏他訳、みすず書房、一九七八年。

てしまい、「いかなる形での対決や秩序回復の試みの余地も残されない」。しかし、パラノイアの場合には、「ひそやかな圧倒」に対して自律的に構築される妄想が防波堤となり、前鏡像段階にまで押し戻されることなく人格レベルはある程度保持される。いずれにしてもこのタイプの精神病においては、押し寄せる狂気に対して意識的に対抗できる手段はない（妄想の形成は意識的ではなく、無意識的、自律的である点に注目されたい）。

（b）に関して。（a）に比べより軽症タイプの精神病。前鏡像段階にまで押し戻そうとする精神病の力動に、「高水準の自省性」すなわちサントームの働きが対抗しうるレベル。（a）の妄想形成と異なり、自省性、サントームはいずれも基本的に意識的、能動的な自己治癒の試みである点が重要。なお、統合失調症における構造力動的原理としての内省性の意義は、特にシムコーによって考察された。彼は内省性を、自我と自己との関係における対決として把握し、記録しながらの自己観察と能動的自己制御の二形式を記述している。我々の症例においては、ジョイスが前者、アンネ・ラウが後者、ジェラールが両者に該当する。いずれにしても、このような内省性の亢進がそれ自体としてはなお健康な精神生活から由来している最後の補償可能性を表し、サントームとしてボロメオ結びのほどけの補修に役立っているということは、比較的軽症の精神病の事例において裏付けられている。

以上を踏まえて、『自明性の喪失』から、症例アンネ・ラウを見てみよう。

症例アンネ・ラウ

一九六四年一〇月一四日、二〇歳の女店員アンネ・ラウは、市販の睡眠薬七〇錠を飲んで自殺を図り、ブランケンブルクの勤務先の病院に入院した。

家族歴に精神病は知られていないが、父方の祖父は酒飲みで早死にしたそうである。父親はだんだん家族のことをかまわなくなり、やがて年上の女とねんごろになったが、年頃の子供達への配慮から、結婚生活はなんとか続けられていた。しかし、アンネの入院の半年前から両親は別居しており、離婚訴訟が進行中であった（その後まもなく実際に離婚が成立した）。

家族全員が父親によって大変苦しめられた。アンネが一番の被害者で、父親は最初からこの娘と一番折り合いが悪かった。二歳半の時、指しゃぶりのことで父親からひどくぶたれた。母親のほうでも、娘を完全にかばってやれなかった。父親は彼女のやることなすことが気にいらなかった。彼女には爪をかむくせがあり、ひどかったのは一四歳から一八歳にかけてであったが、二〇歳近くになるまで続いたという。それはまるでぼろぎれを扱うようなひどい仕打ちであった。一方、母親は娘を十分にかばいきれなかった、正確には父娘関係に対して、いささか奇異な印象を受けるほど客観的で冷静な態度をとっていた。

アンネは小さい時からひとりぼっちでほったらかしにされていたが、おとなしくて文句一つ言わぬ、いい子であった。父親が家にほとんどお金を入れないので、母親が昼間働きに出ねばならず、子供達をきちんとかまってやれなかった。母親は夫婦間がうまく行っているように見せかけようとしたが、子供達の目をあざむくことはとうていできなかった。家庭内のいさかいが日常茶飯事となっていた。

小学生の頃から友達はなく、いつも一人ぼっちであったが、勉強は好きだった。一四歳頃までは成績も良かったが、一五歳頃から数学が難しくなり、成績がやや下がった。それだけでもう母親は、これ以上の学校に進ませても意味がないと考え、経済的な事情もあり、高校進学をあきらめ地元で商業実習を行ったが、それには大変興味を持った。家庭の問題を除けば、当時は何の異常もなく、行動の面では別に目立ったところはなかった。

初潮は一二歳頃にあったが、人並みに男の子に興味を持つことはなかった。同級生たちがセックスの話をしていても、彼女はそれには加わらなかった。

一九六二年、アンネは商業実習を終えて、当時兄が大学に通っていたX市のある会社に就職した。当時彼女は妙に子供っぽく、時々おかしな質問をした。一生懸命に他の人たちと同じように、一人前にふるまってみるがうまくいかず、「くつろげる家庭がない。そろそろ安らぎの場がほしい」というのが彼女の口癖だった。

一九六四年の春に、アンネは独力で精力的に手際よく、別の町Yに家族のための住宅を探し、間もなくそこへ母と弟がやってきて、一緒に住むようになった。その頃ようやく両親の離婚が成立したが、そのことに関して彼女は一切関心を示さなかった。その町で彼女は四週間工場で働いたが、他の人たちが変な目で彼女を眺め、彼女が少しおかしいことに気づいているような気がして、もはや勤務に耐えられる状態ではなくなっていた。

毎晩帰宅するごとに、自分は人間としてだめだ、問題が次から次へと出てきて分からなくなってしまう、自分は立場がはっきりしていない、しっかりした人間でないから今の仕事は無理だ、などと言って悩むようになり、結局母親が仕事を辞めさせた。その後母親と相談をしながら職を転々とするも、いつも考え事ばかりしており、いろんな考えや疑問が頭の中にいつも住み着いていた。あたりまえということが彼女にはわからなくなった。他の人たちも同じだということが感じられなくなった。不自然な、へんてこなことを一度にたくさん考えたりした。何事も理解できなくなり、何をしてもうまくいかなくなった。彼女はなに一つ信じられなくなった。神も信じられず、他人との関係も、自分の立場も、母親に対する信頼も、それに対人関係も、なにもかもすっかり消えてしまった。道で人が集まっているのに出会うと、自分の考えていることが他人に見ぬかれている、という妙な感じを抱くようになった。

この妙な感じは母親に対しても生じた。「お母さんだって、お母さんの目なんです。私にはお母さんがまるで分らない」。このような状態が数か月続いた挙句、自殺未遂を起こした。

入院後の所見

患者の体格はがっしりした肥満型。内科的、神経学的に病的所見なし。知能指数は年齢相応の平均的なレベル。自閉的な自己中心性と無防備の無邪気さとが、また極度の閉じこもりと周囲のなすがままにまかせる主体性のなさとが同時に併存していて、この矛盾がひどく特徴的であった。

会話はすぐに、いつ終わるともわからない独り言になっていった。彼女の話し方は、同じことを繰り返したり途切れたりで、まるで支離滅裂に近いものとなることが多かった。時々話の筋道が失われることもあった。自分では考えが途切れる、急になにもわからなくなる、と言っていたが、真の意味の思考奪取は確認できなかった。言語新作も時として見られた。

考えが押し寄せてきて苦しいという体験があったが、その内容について彼女は「昼間はっきり目が覚めている状態での夢や空想」「とにかく、何かが中から出てくる」「他の人たちに見られたいろいろな反応」「はっきりしたものではなくて、ほんのとりとめのない考え」「いろいろな考えが押し付けられる。どのようにそれに逆らおうとしてもだめ」等語った。この話題になると、いつもは見られない表情の不自然な歪みや心の動揺が認められ、この体験が恐ろしいものであることがありありと伺われた。

何か月もの間、患者は同じ悩みと同じ疑問を根気よく単調に繰り返し続けた。それはまず彼女のいう自然な自明性の喪失についてであり、母親も他の人も理解できないということであり、根本から劣っているということであった。以下がその具体例である。

「ほんのちょっとしたこと、大切なこと、それがなければ生きていけないようなこと、それが私には欠けているのです」

「私にはまだ支えが、ごく簡単な日常的な事柄についてもまだ支えが必要です、私はまだほんの子供で、まだ自信がもてないのです。」

「動作とか人間らしさとか対人関係とか、そこにはすべてルールがあって、だれもがそれを守っているのです。でも私にはそのルールがまだはっきりわからない。私には基本が欠けていたのです。だからうまくいかなかったのです。」

「何かが抜けているのです。でもそれが何かということを言えないのです。何が足りないのか、それの名前が分かりません。言えないけど感じるんです。」

「なにか忘れていることがあるような感じ。考えがまとまらなくて、それで落ち着かない。」

「人間は自分の限界を知ってそれで満足し、心の落ち着きを見つけなければならないのに、私は自分の限界を知らないので、いつもぎこちなくただ皆に合わせてやっているだけ。」

「世の中についての自分の考え、生きるとはどういうことかという自分の考えなど、それが私には不十分なのです。だから、だまって動くのをやめてしまうよりほかはありません。」

「ことばのちゃんとした意味の感覚がなくなってしまったのです。いろんなものごとの感じがないのです。たとえば病気とか苦しみとか日常生活とか。」


これらの症状を彼女自身の具体的な生活史的状況と結びつけて考えようとするのを、彼女は嫌がった。このような疑問に対する答えを彼女は絶えず欲しがっていた。そのために絶えず根掘り葉掘り考え、自分で自分を判断した。感情がない分、その埋め合わせのために意識的に理屈で考えることで補うことが必要であった。

退院後、主治医の交代が告げられた後、一九六八年に自らの人生に終止符を打った。

ブランケンブルク、及びラカン的考察

入院直後の数日間は、人格発達遅滞に基づく重篤な異常体験反応（愛着障害）しか考えられなかった。あらゆることがまだ神経症的な成熟危機の範囲内で理解できるように思えた。しかしその後の診察で、唐突でしばしば不適切な感じのする感情の動き、移り気な振る舞い、思考障害（考えがまとまらない）、入院以前にさかのぼる作業力の重篤で急激な低下が見られており、愛着障害の病理だけでは説明しきれず、発病後間もない精神病であると判断するのが妥当である。

思考促迫、表象促迫（押し寄せる考え、空想、夢）については、そのことが話題になった時、彼女は顔をゆがめながら示した狼狽は、適切に言語化できない精神病症状の核心がその辺りにひそんでいることを如実に示していた。彼女は自分の状態について、「たこの糸が切れた」「まるででたらめ」「ふつうでない」「おかしな具合」とかの言葉を並べたてるばかりであった。正常な心的生活におけるいろいろな体験とは比べようがなく、比較のために強迫観念の説明を受けた際にも、それとは全く異質なものであると主張した。

彼女は他者の示す反応や行動様式の模倣を強いられるような感じを抱いていた。問診を通じて、彼女の思考促迫は、強迫的にしきりに浮かんで来るという体験であるばかりでなく、彼女の自我の自発性が占取されるという体験であることが明白になった。それらについて聞きだされたあらゆる点からして、これは精神自動症や初期統合失調症の自生思考に相当し、自我障害の初期の段階である、後期ラカン理論に依拠すれば、ボロメオ結びがほどけそうになり前鏡像段階に逆戻りしつつある状態にあったと判断できる。

診断をつけるとすれば、多彩な症状を呈し人格の解体をきたした、すなわち前鏡像段階にまで完全に退行した典型的な統合失調症ではなく、比較的明確な病覚を保ったより軽症の統合失調症である。思考障害や作業力の急激な低下と並んで、日常生活を支える基盤としての自明性からの遊離が病像を支配している。生における一切の基底的な繋がりを失ってしまったという意識に完全に満たされている。彼女は自分の障害を、欠陥と表現したのは非常に示唆的である。彼女はこの欠陥の本質を言い表そうと懸命に努力した。ラカンであれば、ここでボロメオ結びのほどけによるファルス機能の欠如と表現するであろう。彼女はその人生を通じて、異性に対する関心を抱くことが全くなかったことも、ファルス機能の欠如によって説明される。

ブランケンブルクは、アンネと父親の関係の障害を特徴的なものとして注目してはいるが、それを精神病の病因として一般化することには拒否的である。ラカン派精神分析的な立場から本症例を考えた場合、アンネが幼少期から妻以外の女性宅に入り浸り、たまに帰ってくるとアンネに暴力をふるう父親は、彼女にとって象徴的な父親の役割を担うに値しない。そのことは病因ではないが、精神病を理解する上で最重要な布置としてある、と考えられる。しかし、父に関する問題はこれだけにとどまらない。ラカン派精神分析家が、あるいは最も着目するものがあるとしたら、それは彼女の父方の祖父が大酒飲みで早死にしたという事実である。すなわちここに、ジョイスの家系同様に、父の欠如の系譜が見て取れとれ、アンネにおいてファルスが機能せず、異性へ関心を抱くことができず現実感を喪失するにいたったことを理解する上での重要なポイントがある。

患者は前述語的な明証性や安心感、現実感、すなわちファルス機能をもう一度完全に取り戻すことはできないにしても、何かで代理させうるとしたら、たえず考えねばならぬ、問わねばならぬという症状、内省性の亢進、すなわちサントームの機能による他はないと考えていた。これは強迫観念と同列ではない。アンネの場合には、強迫神経症の患者が寄せ付けないようにしている当のもの、つまり日常生活の自明性の機能を停止させる根源的な空虚、ファルス機能の欠如との、はるかに直接的な対決が見られる。

第三幕　解決編

前幕では症例ジェラールのラカン的解釈を理解する上で欠かせない理論の解説を行った。その中でも重要なのは、一九七〇年代に創出された後期ラカン理論であるpart4のボロメオ理論とpart5の部分で、それはジェラールやジョイスの症例に代表されるような軽症化精神病――ラカン的精神病――、内省型精神病の理解に資する。具体的にはこれらのタイプの精神病においては、押し寄せる狂気に対して、意識的、能動的にサントームを形成することによって対抗する余地が残されている、ということであった。

これに対して、part2、part3で行った前期ラカン理論は、症例シュレーバーに代表されるような古典的な重症型精神病――フロイト的精神病――非内省型精神病の理解に役立つものであり、そこには病的体験に対して意識的に対抗できる余地は残されていない（自己治癒の試みとして妄想の形成は認められるにせよ、そのメカニズムはあくまでも自律的、無意識的であり、サントームのそれとは異なる）。

それでは、ラカンはジェラールとの対話において、何をサントームとして見定め、それをいかにして治療に役立てようとしたのか。本書クライマックスの開幕である。

1　症例ジェラール――ラカン的精神病（内省型精神病）

家庭環境について。母親は極めて不安感が強く無口で共感性に乏しく、周囲の影響を受けやすいタイプである。父親は単身赴任のために一貫して自宅に不在がちであったため、ジェラールが精神病的な母親との二者関係から解放され、言語や社会性、ファルス機能を授かる機会は排除されていた。

一五歳から彼の症状である被害妄想が他者から確認できるレベルになる。このころから彼の自分の美貌に対する執着がエスカレートし、母親のファンデーションで化粧をするようになるが、ここにギリシャ神話以来、死の深淵を人類に示してきたナルシシズムの病理、母親への同一化（母親との排他的二者関係ゆえに、母親に同一化している）のテーマが読み取れる。

同時期に試験に集中できなくなり、それまで理解できていた一次方程式が理解できなくなるなど、思考障害の兆候を認めるようになる。

一七歳で経験した失恋をきっかけにして、うつ状態になる。彼が思いを寄せていた女性は、いわば彼にとっては理想的・ナルシシズム的な鏡像であり、知性や美貌を余すところなく放散していた。この放散という表現から、彼自身において自我境界が次第にあいまいになってきている事態、すなわち鏡像段階以前への退行が生じつつある事態が読み取れる。

当時彼が取りつかれていた考え――「いかなる瞬間に身体は精神に回帰し、精神は身体に宿るのか？　私は細胞で構成されているが、どのようにして生物学的な事態が精神的なそれに移行するのか？　脳神経の相互作用、ホルモンの発達、自律神経の発達からいかにして思考は形成されるのか？　生物学によると脳波は存在するのだから、結局思考や知性は外部に向かって放出される一種の電波のようなものだ」――においては、精神と身体の移行、不明瞭な境界がまずテーマになっているが、ここにも本人の自我境界が不鮮明になっている徴を読み取ることができ、思考や知性が外部に放出される電波のようなものだという表現から、自我の拡散の兆候を読み取ることが可能である。

また、身体、細胞、生物学的な事態、脳細胞の相互作用、ホルモンの発達、自律神経の発達、脳波という、自らの身体にまつわる単語の羅列は、精神病の発病期に見られる要素的現象、身体の違和感を反映していると考えられる。

一八歳頃から、「自分はニーチェやアルトーの生まれ代わりである」という誇大妄想が出現。一方、自分の男性性器には根強いコンプレックスがあり、自分の性器が縮んでついには女性になるような感じを抱き化粧も毎日するようになり、シュレーバー症例に見られるような、ファルス機能が排除されている結果としての女性化も本格化していく。

一九歳時頃より、失恋した初恋相手と同じタイプの女性患者に対して、さらにナルシシズム的な恋愛妄想を抱き、純粋な愛を感じるようになる。

二四歳頃から自我機能の障害、前鏡像段階への退行が本格化する（自生思考、幻聴、自分の考えが人に知られる、等）。自生思考や幻聴にはすでに言語新作的要素が含まれるが、ジョイスのようにジェラール自身はそれらを上回るような言語新作を行いつつ詩を作ることによって、あるいはアンネ・ラウのように内省的な思考を行うことによって、精神病症状に伴う苦痛を意識的に克服しようとした。

2　ラカン的技法

ラカンの診察において大事な点はまず、患者の自我の拡散、崩壊すなわちボロメオ結びのほどけを彼の言語的介入によって食い止めようとしている点である。

・シーン1（本書三七頁）

G・L　私は発語とは外部への知性の放出であると考えるにいたりました。

L　知性、発語。それがまさにあなたが引き合いに出したものではありますが……。しかし知性とは発語の行使そのものです。

G・L　私は知性とは外界への波状の放出のようなものであると考えました……。したがってあなたが知性とは単に発語である、とおっしゃるのには賛成できません。

解説1　ジェラールの自我漏洩、自我の崩壊という症状を反映する「外部へ放出される知性」という言葉に、「知性とは発語の行使そのものである」というラカン自身の理論を対峙させ、患者の自我障害の進行を食い止めようとしている。

・シーン2（本書五七〜六二頁）

G・L　青い鳥達は、私を殺そうとする。
L　鳥達が私を殺そうとする……
G・L　青い鳥が、です。それらが私を窮地に追い込み、殺そうとする。
L　誰が青い鳥なのですか？　その人はここに居ますか？
G・L　青い鳥です。
L　青い鳥とは何ですか？
G・L　まずは詩的な、マラルメの詩に関連する詩的なイメージで、青、次いで青い鳥、空、広大無辺の青、青い鳥、青い無限……
L　続けて下さい。
G・L　それは際限のない自由を表しています。
L　え、何ですって？　際限ない？　青い鳥を際限のない自由、と翻訳してみましょう、際限のない自由があなたを殺しにかかるのですか？　際限のない自由があなたを殺しにかかるのかどうか、吟味が必要です。続けましょう。

G・L　私は境界のない世界にいる、境界のない……

L　ですが、あなたは境界のない世界にいるのか、孤立した領域にいるのか、はっきりさせないといけません、なぜかというと領域という言葉はむしろ境界という概念を意味するからです。

（中略）

G・L　あなたにたった今言った、「青い鳥が私を殺そうとする」というのは、私がいる境界のない世界を含意しています。話を元に戻すと、私は孤立した領域に居ながら境界のない状態で存在しています。混乱しているのは分かりますが、私はとても疲れました。

L　あなたに指摘しましたが、閉じた領域は境界がない、ということと両立しません。したがって、あなたは孤立した領域によって区切られているのです。

G・L　ええ、しかしその孤立した領域に関しては、私は境界がない状態で存在しているわけです。孤立した領域では私には境界がない、しかし現実には区切られているのです、身体のみによって区切られている訳ですから。

L　よろしい、まさに（あなたにとっては）その通りですね、実際には孤立した領域には境界が存在しますが。

G・L　明白な現実との関連において、孤立した領域は区切られている、でもだからといってその領域の真ん中で境界がない状態で存在するとしても矛盾しないのです。あなたは幾何学用語を用いつつ考えていらっしゃいますが。

L　私は幾何学用語を用いながら考えています、それは正しいのですが一方、あなたは幾何学用語を用いて考えてはいません。いずれにせよ、境界のない状態でいることは、不安ではないですか？　違いますか？

G・L　はい、不安です。しかし、私は夢のような世界や形態にとどまってはいられませんでした。

解説2　「青い鳥達は、私を殺そうとする」という自生思考の主語についてラカンがジェラールに自由連想を促した結果、「際限のない自由が私を殺そうとする」、すなわち前鏡像段階に退行し自我が崩壊するという事態が暗に示唆されているという事が判明し、ジェラールの「境界のない世界にいる」という発言がそれに続く。

それに対してラカンは、ジェラールの詩作や想像世界などの「夢のような世界や形態」＝孤立した領域は彼の自我や身体像の崩壊を食い止めるサントームとしての役割をはたしているという理論を念頭に置いて、彼に対して孤立した領域と、境界のない世界＝前鏡像段階を区別するように促すが、ジェラールにおいては両者の区別が困難なレベルにまで病気が進行している。すなわち、サントームの機能のみでは補修しきれないレベルにまで精神病が進行しつつある状態を示しているシーン。

・シーン3（本書六三〜六四頁）

G・L　テレパシーとは思考の伝播です。

L　それでは、誰に伝えるのですか、誰に？　例えば？

G・L　私は一切誰にもメッセージは発信しません。私の頭の中で起こっていることは、テレパシーを受信する人によって聞かれている、ということです。私にはどうもそれが……

L　例えば、私はそれを受信していますか？

G・L　分かりません、分かりません、なぜなら……

L　私はあまり優れた受け取り手ではありませんので、あなたのそのシステムの中では行き詰まっていることを白状します。

解説3　テレパシーが他人によって受信されるという言葉によって示されるジェラールの自我障害という症状（自我の拡散）に対してラカンは、「私は優れた受け手ではない」と言うことによって、さらなる症状悪化に対する防波堤の役割を果たそうとしている。

ラカンの診察に見られる二番目の特徴的な意図は、ジェラールにとってのサントームに相当する事態を明確化し、それが自我崩壊を食い止め、ほどけたボロメオ結びを補修することに役立つことの認識に努めようとしている点である。

・シーン4（本書二四頁）

G・L　私が日常生活で用いるきわめて単純な言葉があり、一方で想像力の影響を受けた言葉があり、それによって私は現実を、私の周りの人々を分離するのです。それこそが最も重要な点です。私の想像力はもう一つの別の世界を創造し、その世界はいわゆる現実世界と等価な意味を持ちますが、お互いは完全に分離しています。それら二つの世界は完全に分離しているのです。他方では押し寄せる言葉は、時折他人に対して攻撃的に仕向けるような仕方で勝手に浮かんでくるけれども、想像世界といわゆる現実世界の架け橋になっています。

L　なるほど、しかし結局、あなたが、そのつまり完全にそれら（二つの世界）を区別していることに変わりはない。

G・L　そう、私は完全に区別しています。しかし言葉は、想像力の流れは、私が話すことと知的にあるいは精神的に同じ秩序では成り立っていません。それは、夢、一種の白昼夢、永遠の夢。

解説4　現実世界とは完全に区別される想像世界をジェラールが創造している点を意識化させようとしている。後者が彼にとってサントームとして機能しうる、という構造がラカンの念頭にある。

・シーン5（本書二一五頁）

G・L　発せられたすべての言葉には法と同様の効力があり、またそれらは意味を持ちます。しかし一見したところ、それらは純粋に合理的な意味を持っているわけではないようです。

L　どこであなたはその語句を知ったのですか。全ての発せられた言葉は意味を持つ、という語句を。

G・L　それは個人的省察です。

L　そうですね。

解説5　勝手に浮かんでくる自生思考ではなく、患者自らが能動的に創造した文章の中に、発せられた言葉は「意味」を持つという語句が含まれている点にラカンは着目し、自生思考は他者にとって意味をなさず共有不可能なものであるが、患者自身が意図的に行う内省思考は他者にとって意味を持ち、社会と再び接点をもつきっかけになりうる、ということを認識させようとしている。

・シーン6（本書二六～二七頁）

G・L　夢、想像力によって構築される世界、そこに私自身の中心があるのですが、それは現実世界とは全くの無関係です。なぜなら、私の想像的な世界で、（押し寄せる）声に応じて自分で創り出す世界で、私はその中心を占めるからです。私には一種の小劇場を創り出す傾向があり、そこでは私は一種の演出家、創造主であると同時に演出家でもあるのですが、一方現実の世界においては、私はただ任務を遂行するのみ。

L　そう、そこではあなたはgeai rare（珍しいカケス）ではない、仮に……

G・L　はい、geai rare（珍しいカケス）は想像世界の中でのことです。Gérard（ジェラール）L、は一般的に現実と呼ばれる世界においてであるのに対し、想像世界では私はGeai Rare（珍しいカケス）Luc asです。as（エース：1、第一人者）という私の名前、それは根本であり、体系化し、効力を持つものであり、一種の……そういうasに基づいて、私は自分の詩の中の一作で、ある一つの言葉を用いました。

L　あなたの詩の中で？

解説6　現実世界での Gérard という名前に対して、彼の創出する想像世界では患者は Geai rare（珍しいカケス）であるということを再確認させることによって、患者にとっての現実世界と想像世界の区別を際立たせ、サントームとして後者を機能させようというラカンの意図が読み取れる。

・シーン7（本書二七頁）

G・L　私は孤立した領域で孤独の只中でした。そのような言い回しが存在しなかったかどうかは知りません。私はごく若いときにその言い回しを知りました、ノヴァーリスがそれを言っていたと思います。

L　実に正確な言い回しですね。

G・L　私は孤独の只中、一種の神、孤立した領域の一種の創造主のようなものです、なぜならまさにその世界は閉ざされており、日常の現実と折り合いをつけることができません。

解説7　ここでも「孤立した領域で孤独の只中」という事態が、ジェラールにとっては自我の崩壊から身を守るサントームとして機能しうるという構造がラカンの頭の中にある。孤独をネガティブなものとして捉え、患者をむりやり人間社会の中に放り込もうとする野蛮な発想とは無縁である。

・シーン8（本書三四〜三五頁）

G・L　母親には真に情緒的な交流というものは存在しませんでした。彼女は不安感が強く、感染しやすい……といってもウイルスにではなく……環境の影響を受けやすいという意味ですが、そういう精神を持っていました。（中略）私はそういう母親に育てられたのです。私自身も浸透現象による影響を受けとても不安感が強くなったのだと思います。

L　あなたが浸透現象と言う時、その浸透とはどういう意味合いを持ちますか？　というのも、あなたは巧みに区別できるからです、現実と……

G・L　……空想を？

L　そう、それです。何と何が浸透し合いますか？

G・L　何と何が浸透し合っている？　私はまず、現実と呼ばれるものを意識していると思います……そこでは心理的緊張、現実のしかし肉体的レベルの、すなわち身体レベルの不安が生じますが、やがて精神のレベルにも浸透していきます……

解説8　ジェラールは彼の母親と同様に環境の影響を受けやすい、つまり自我機能が不安定なわけであるが、しかしその状態を患者自ら、浸透現象という言葉でピン止めしている。このシーンでラカンは、ジェラールが現実と空想を区別できていることを彼に再確認させようとしているが、ここにも空想が患者の自我の崩壊、すなわち浸透現象の進行を阻止しうるというラカンの思考が根本にある。

・シーン9（本書三六頁）

G・L　生物学によると脳波が存在するのだから、思考や知性は放出される、外部に向かって放出される一種の電波のようなものだと考えるようになりました。私はその電波がどのようにして外部に放出されるのか分かりませんが、言語は……それは私が詩人であることと関係していますが、なぜなら……

L　あなたは紛れもなく詩人です、はい。

解説9　ラカンがジェラールを詩人であると命名するということは、彼が孤立した領域・想像世界において、精神病的体験、自我崩壊に対抗するべく詩作を行っている行為を全面的に支持していることを意味している。

・シーン10（本書五五頁）

L　事は二つで、まず一つ目はこのようにして浮かぶ声があり、あなたの頭を浸し……

G・L　ええ、そうです。

L　そうですね。

G・L　私の頭を占拠し、自生し、そこに私自身の思考は含まれません。

L　よろしい。次にそこで内省し、付け足すべきことを付け足し、自覚しながらそうしている第二の人格がありますね。ここまではいいですね？

G・L　はい。

解説10　詩作や想像世界の構築のみならず、自生思考に対抗する意識的な内省思考も、自我崩壊に抵抗しうるというラカンの考えがこのシーンに反映されている。

・シーン11（本書五九〜六〇頁）

L　孤立した境界のイメージとしては……

G・L　夢、私が知的に生み出す非想像的なものに関してですか？

L　いいえ、しかし最後まで行ってみましょう。

G・L　すごく難しいです、なぜなら……

L　何を生み出すのですか？　なぜなら生み出すという言葉はあなたにとってある意味を持っているからです。

G・L　自ずと浮かんでくるそばから、生み出している、若干そういうところもありますが、結びつけてはなりません。（以下略）

L　あなたはたった今、これこれの物、テーブル、いすなどと列挙しながら現実世界に言及されました。さて、皆と同じ様に現実世界を理解されているようですし、常識レベルでそれを把握されているようだ。

ここから話を始めましょう。あなたはそれとは別の世界を生み出すのですか？　生み出すという言葉は……

G・L　私は自作の詩を通じて、私の詩的な言葉を通じて世界を生み出します。

解説11　ジェラールは何気なく用いたつもりだろうが、しかしサントームの本質を見事に言い表している、生み出すという言葉をラカンは決して見逃さず、早速それを今度はキーワードとして含む質問を投げかけ、患者との対話を続けていく。

終わりに

分析主体（患者）が分析の最中に無意識裡に繰り返す言葉に注目することによって、その病理構造や問題の輪郭が次第に明らかになっていく、というのがラカン派精神分析実践の定石である。

【cerner】

一七頁　自分のことがよくわかり（me cerner）ません。

冒頭部分ですでに彼の自我崩壊、ボロメオ結びのほどけという病理構造が読み取れる。自分のことがわかると訳した部分に相当するフランス語 me cerner は、cerner は輪郭をはっきりさせる、範囲を定めるという意味の動詞で、me は je（私は）の目的格なので、直訳すると「私自身の範囲、輪郭を定めることができません」ということになる。ジェラール自身が精神病により自我崩壊を起こしかけている事態が、この表現にすでに集約されていることが解る。同様の例は、一八頁のジェラールのセリフ「問題を、勝手に浮かんで来るということを、はっきりさせる（cerner）ことができない」にも見られる。

【compenser】

二〇頁　私には補償する（compenser）傾向があるのです。（中略）私は押し寄せる言葉に応じて補償する（compenser）傾向があります。

【récupérer / récupération】

二〇～二一頁　私には押し寄せる言葉を補修し（récupérer）ようとする傾向があるのです。（中略）無意識裡の補修（récupération）のようなものについての話を続けます。

二一頁　そして時々私はこのような攻撃性を補修し（récupération）て

補償、補修という単語がジェラールの口から繰り返し発せられる。ラカンはここから、ボロメオ結びのほどけを「補修」「補償」するサントームという概念の着想を後押しされたかもしれない。これは、同級生に手ひどい暴行を受けても、翌日には心理身体的苦痛は「果物の皮がするりとむける」ように剝がれおちたというジョイスの用いた隠喩にラカンが着目し、身体イメージや身体感覚に関わる想像界の輪が「するり」と脱落し、ボロメオ結びがほどける、というパラダイムの創出のきっかけの一つになったことに通じる。

【créer】

一八頁　私は、創造（créer）のつもりで分解したのです。

二四頁　私の想像力はもう一つ別の世界を創造（crée）し

二六頁　声に応じて自分で創り出す（me crée）世界で、私はその中心を占めるからです。私には一種の小劇場を創り出す（créer）傾向があり

五九〜六〇頁　私が知的に生み出す（créé）非想像的なものに関してですか？（中略）私は自作の詩を通じて、私の詩的な言葉を通じて世界を生み出し（créer）ます。

créer（創造する、生み出す）という言葉は、患者自らが精神病的体験に対抗するべく、意識的能動的に「生み出す」サントームの概念に合致する。

【se masturber】

二七頁　まさに自慰行為（se masturbe）そのもので（中略）私は自慰行為（se masturbe）、とまで言ってしまいましたが

自体愛的要素は、サントームの重要な側面の一つである。ジョイスにおいては、小説を書くという行為がサントームであることは、すでに前幕part4で触れた通りであるが、中でも絶筆となった「フィネガンズ・ウェイク」の制作はサントームの概念に最もふさわしいとラカンは解釈していた。読者の目を見事なまでに無視してなされた、「フィネガンズ・ウェイク」の創作活動とは、まさに自体愛的行為と呼ぶにふさわしい。生み出す／自体愛的というサントームの持つ要素は、次幕の普通精神病において、その重要性がより明確に認識されることになる。

第四幕　現代におけるラカン――普通精神病と自閉症、現実感を巡る議論

本書はこれまで、サントーム概念を主座に据えた後期ラカン理論に依拠しつつ、軽症化精神病、ラカン的精神病の実際を見てきた。古典的な重症精神病、フロイト的精神病にとっての前期ラカン理論は、後期ラカン理論のためのいわば脇役であった。しかし、この主役であるラカン的精神病と脇役であり続けたフロイト的精神病に共通するものがあるとしたら、それは性別化の混乱、現実感の喪失である。

第三幕クライマックスまでの余韻は、ラカンの人生の幕切れの後、色褪せるどころかますます現代的意義を伴って我々に迫ってくる。性別化の混乱と並んで本書を秘かに貫いてきたもう一つのテーマである現実感の喪失に言及しつつ、議論が精神病と自閉症の場合に分かれて展開され、本書は終幕を迎える。

1 普通精神病の提唱

ラカンは自ら立ち上げたÉcole freudienne de Parisを一九八〇年に解散するが、彼をして一九七〇年代に唯一の理解者と言わしめた、ジャック＝アラン・ミレールによってラカンの死の直前の一九八一年にÉcole de la cause freudienne（フロイト大儀学派、以下ＥＣＦ）が設立された。その後、七〇年代に大衆化の始まった社会構造は、英米圏やそれらの直接的な影響下にある日本を中心に、グローバル資本主義化の時代へと突入し、精神医学もこれらを背景にそれまでと様相を一変することになる。

すなわち、ＤＳＭ-Ⅲへの改定によって神経症概念が破壊され、向精神薬の開発が脳科学や認知行動療法と連携し、疫学研究を首座に据え目覚ましい発展を遂げる。フランスには元来、精神医学の確固とした伝統があるため、このような精神医学の世界におけるグローバル資本主義化の影響に完全に翻弄されることはなかった。しかしそれでも、社会構造の大衆化と向精神薬の普及を背景に、精神疾患全体の軽症化が顕著になり、ＥＣＦ内でも八〇年代後半から神経症と精神病の境界を巡る議論が本格化し、約一〇年の時を経て一九九八年に普通精神病なる命名が発案された（この一〇年間、ＥＣＦ内ではフロイトの狼男の症例を中心に扱い、その診断を巡って精神病なのか神経症なのかで議論が二分し、普通精神病であるという見解で決着した）。

ただしこの名称は疾患概念ではなく、ボロメオ結びのほどけを補修するサントームの形成がなされているケースに対して用いられる。したがって、普通精神病に病名をあてがうとすれば、例えばクレッチマーの敏感関係妄想やテレンバッハのメランコリー等がそれに最も妥当する。症候学的に見ると普通精神病は、七〇年代にラカンが出会った症例よりも、さらに神経症との区別が困難になっている。神経症であると診断して、精神分析治療を行い、数年ほど経過して初めて妄想の存在や身体感覚の欠如が明らかとなり、精神病であると判明する事例も稀ではない。

七〇年代にラカンが扱った症例は、軽症の精神病ではあるにせよジョイスやジェラール、アンネ・ラウのようにはっきりそれとわかる症状を呈していたり、反社会的言動が顕著で刑務所に入退院を繰り返したりする症例（日本であれば人格障害圏に分類される可能性がある。ラカン派には現在に至るまで人格障害というカテゴリーは存在しない）が中心であった。

それに対して普通精神病では、典型的な精神病の症状が明らかでない場合も多く、他者への過度の同調、同一化、現実感の喪失、体感異常、異性関係の欠如、薬物依存に典型例を見る社会的逸脱行為が主症候である。ここでミレール自身の解説を引用してみよう。

「普通精神病と言う時、何を根拠にするのか？（中略）（そのためには）あらゆる些細な兆候を見つけなければならない。それは非常な慎重さを要求される臨床であり、往々にして非常に厄介な問題が露呈する。いずれにしてもそれは程度に関する問題なのであるが、我々は結局「生の実感という、主体にとって最も本質的な部分において生じた不調」とラカンが呼んだことへと辿り着く。（中略）我々が普通精神病において探すこと、それは「生の実感という、主体にとって最も本質的な部分において生じた不調」である。（中略）精神科医は生の実感という用語の意味するところを、共感覚、主体の普遍感覚、世界内存在などを持ち出すことによって大まかに示そうとしてきた。(1)」

要するに普通精神病を特徴付けるものは、生の実感、現実感や身体感覚の喪失である。これら症候に反映される主体構成上の不具合、ボロメオ結びのほどけを、各人が意識的に生み出した、いわば自体愛的なサントームによって補修しうる。例えば身体感覚の欠如に対してタトゥーを入れたり、ボディーピアスを付けたりすることで、本人なりに身体感覚を取り戻しているケースもかなりの数で見られるが、この場合はタトゥーやボディーピアスがサントームとして機能している。その他、インターネット世界への没入、発表する予定の全くない小説や曲作りへの没頭等々、サントームの例は実にさまざまである。いずれにしても、普通精神病の患者は、サントームがパラノイアや統合失調症へのさらなる精神病の進行を食い止め、同じ症状や問題を抱える人たちによる共同体（場合によっては社会）との接点をもたらしうるのである。

ここで再びミレールの文章を引用する（「父の名」とある部分は、「サントーム」と置き換える方が妥当である）。

「普通精神病においては、仕事を失うことが精神病の発病の引き金になることがよくある、なぜなら彼らにとって仕事とは、単なる仕事や生活のための手段以上のものだからである。仕事を得ることは彼らにとって、「父の名」の機能を獲得することに等しい。今日においては、名付けられること、ある任務に割り当てられること、任命されることが「父の名」の機能を果たし得る、とラカンは言っていた。今日では「父の名」の機能とは社会的地位に接近することなのである。組織や行政、クラブの一員になることが普通精神病の世界において唯一の行動原理になっていることが実際に確認できる。たとえば、仕事を得ることは今日的には極めて「象徴界」に関連した価値を持つ。（中略）普通精神病と判断するためには、さらにある種のギャップがなければならない。もっとも本質的な不調、それは身体のほどけ、裂け目の結果であり、主体は身体を取り戻す、自分の身体をしっかり締めつけるために人為的な鎖を編み出さなければならない。機械的な用語を用いれば、身体を繋ぎ留めるためには締め付け金具が必要なのだ。

厄介なことに、それらすべての人為的な方法はかつては異常に見えていたが、今日ではありふれたものとなった。ピアスをしてアクセサリーをはめ込むのは今の流行だし、タトゥーを入れるのもしかり。これらの流行が、普通精神病によって触発されたものであることは間違いない。タトゥーを入れることでその主体が自らの身体に繋ぎ留められているということが理解されれば、それは普通精神病の判断基準になる。(2)」

(1) Jacques-Alain Miller et al, Retour sur la psychose ordinaire, *Quatro* (Recue de psychanalyse publiée à Bruxelles) nº94-95, p.44-45, École de la Cause Freudienne, Paris, 2009

(2) *Ibid.*, p.46

2　自閉症に対するラカン派の視点

最後に普通精神病との関連で、自閉症に対するラカン派の解釈を紹介する。これまでの精神病に関する議論を要約すると、成長の過程でいったんは鏡像段階を見かけ上は正常に通過するものの、発病以降は前鏡像段階に退行させようとする力が働き、それに対抗する様態に応じて、統合失調症、パラノイア、普通精神病に、あるいは非内省型精神病、内省型精神病に分類可能であった。

これに対して自閉症においては、発達過程の鏡像段階のレベルですでに特異的なことが起こっている、すなわち通常生後六か月から一八か月の間に相当する鏡像段階が遅れてやってきたり、その期間が遷延化したりするなどの事態が想定されている。

通常は鏡像段階を経て、自我や自己身体イメージが形成され、自他の区別や環境・空間の理解がなされるようになるわけであるが、鏡像段階レベルに支障があると、それらの形成や理解が不十分になる。設立当初からジャック゠アラン・ミレールとともにECFを常に牽引してきたエリック・ロランの著書に、その引用を求めよう。

「鏡像段階の主要な構造において、大文字の他者の眼差しのもとにおいてこそ身体（イメージ）は幼児に与えられる。（中略）主体の身体こそが異なる空間部分の繋ぎ役を果たす。もし主体が身体のイメージを持たないとしたら、異なる空間イメージは分離したままだ。この空間イメージ

の分離は非常に様々な症状において見られるものである。（中略）

これらの事例は、いかにして空間イメージが各々特異的な仕方で構成されるのかを教えてくれる。それらの事例を通じて、主観的な空間イメージ――視野に入る領域もそうでない領域も含めて、身体はそれら二つの領域を分かつのであるが――におけるトポロジーがどれほど考慮されなければならないかということが明確になる。いかにして自閉症の主体がイメージの助けを借りることなく、視野内と視野外の領域が一つになった空間イメージを構成できるのかが明らかになる。（中略）

幼い自閉症の患者ガランス、両親は彼女のために卓越した繊細さによって素晴らしい本を上梓したのだが、この事例は彼女が視野外の領域をいかに空間イメージのなかで捕えるにいたったかを示している。彼女の両親の友人の一人がカメラをプレゼントした際に、彼女は人の背面を写真に収めた。

「うなじ、髪、襟が彼女の注意を引いた。何度も人の背中を撮影した。彼女が招待された見世物はつねに室内で催されたのだが、どれだけのコンサート、人形劇、サーカスショーにおいて、ガランスは室内の映像によって捕えられた背中を見てきただろうか？　彼女がようやく初めて自分自身の背中に気付いた時には、それが自分のものであるとは理解できず、未開の地に遭遇したかの如くであった。大分経ってから、私達は彼女の両腕を背中で交差させることができたが、それでもまだ彼女はただ驚くのみでもう一人の自分を発見したかのようだった。」

この事例によって、自閉症者にとって空間はトポロジーなしには接近不能なものであるということがわかる。これらの子供たちは、空間の連続性というイメージは初めから存在するものではない、直ちに与えられるものではないということを教えてくれる。月並みで誤った連続性ではなく、自閉症者はトポロジカルな空間のもつしなやかさを用いて、一般的な量的空間とは無関係に一つの空間イメージを構築するのである(3)。」

したがって、自閉症者は身体縁の感覚、自他・自分と世界の区別、空間イメージのなさによって特徴付けられる。この特徴をよく表している症例を同書の中から二つ挙げる。

(症例1) 地上一万メートル上空の飛行機が視野に入ったとたんに耳をふさぎパニックを起こす自閉症の子供。物理的、客観的にはその場合地上で観測される飛行機による騒音は無視できるレベルであるが、その子供の場合は身体の内と外の区別がないトポロジカルな状態(クラインの壺の様にあるため、本来は外界の視覚情報に過ぎないものが直接身体内に侵襲してくるもののように感じられ、パニック状態に陥る。

(症例2) 治療者の眼差しと窓に特別興味を示す自閉症者の症例。眼差しの奥には身体の内部が、窓の外には外界に開けた世界があるわけであるが、この両者に等しく惹きつけられるということはそれらが患者にとっては同じものであり、彼においては身体の内界と外界との間に区別がないということを無意識裡に示している。

以上の構造によって、自閉症者が外界の刺激、例えば人の声に対して過剰に反応するようになり、そこから彼らが独特の言語活動を営むようになることが説明される。

「彼（ジャン゠クロード・マルバル）は対象としての声に自閉症者にとっては耐えられないものという特権を与えた。このことは、彼らが話しかけられることも、あるいは話しかけることも拒絶するということによって証明される。享楽らしきものは彼らの発話には見当たらない、それほどまでに彼らにとって話すという行為は侵襲的なものなのだ。話すということは、すなわち脳みそが空になる／空にすることなのである。したがって、ジャン゠クロード・マルバルは以下のように結論する、声と言語の乖離が自閉症者の根本にある、と。まさにここで我々は、言語の使用は場所の存在、享楽の一掃された大文字の他者の場所に同意することによって成り立つ、ということに立ち戻る。結局、保障するものの欠如が関係してくる訳であるが、自閉症の主体は、話の宛先において被るトラウマから立ち直ることができないのである。その主体は、声を語られたものという外部性として体内化することに非常な恐怖を感じる。[4]」

（3）Éric Laurent, *La bataille de l'autisme*, Paris, Navarin / Le Champ freudien, 2012, p.81–83
（4）*Ibid.*, p.42–43

マルバルが言うように自閉症者の根本に、声と言語の乖離があるとすれば、彼らの語りは実際どのようになるのであろうか？

「（自閉症の）主体は言語を、完全に杓子定規なシステムに還元するやり方で解釈したがる傾向にある。それはまるで言語における全てのことは演繹され、生成されなければならないかのようであり（中略）また言語それ自体がチョムスキーの夢想のようなものとして通用しなければならないかの如くである。[5]」

端的に言えば、自閉症者の語る言語は、情動や享楽と切り離され、彼らにとってメタ言語のようにして存在しているということになる

同一性の保持という自閉症者に特有な現象も、外界の刺激への過敏性と同様に、身体縁感覚の欠如によって説明可能である。外界における変化が、内界／外界の区別のない彼らにとっては侵襲的で耐えられないからである。

これらの結果、

「自閉症者の身体はしたがって、器官なき身体である。それらの器官による身体の寸断は、いわば殻にこもることと引き換えにして乗り越えられる。その主体は、身体を他者に向かって差し向ける欲動の行程なしに、自らを享楽する。完全なる表面、すなわち殻をまとった身体は、孔という孔が全て塞がれたものとなり、したがっていかなる欲動の行程も成立しなくなる。（中略）そ

れでは、自閉症者に対する精神分析の適用はどの点にあるのか？　それはその主体を、殻をまとった身体によるホメオスタティックな閉じこもりの状態から解放することと関係している。（中略）主体が耐えられないような危機を経ないで、どのようにしてそこに到達するのか？　そのためには、対象（オブジェ）による支えが、あらゆる遊戯のレベルを超えて、自閉症者に寄り添うために必要である。〈対象なしでは、他者性は発生しない〉(6)」。

「孔という孔が全て塞がれ」「殻をまとった身体によるホメオスタティックな閉じこもり状態」こそが、自閉症者における現実感の喪失に対応する事態であり、精神病者におけるようなファルス機能の排除やボロメオ結びのほどけとは全く別様である。

上記の理由によって、自閉症者にとってこだわり対象は欠かすことができない。

「自閉症者がある対象との間に保つ全く特異的な関係が、我々の自閉症における精神分析的アプローチを導く主要な道標の中でも特に重要である。実際に自閉症の主体が、特化された、補助的な、特別に性化された対象とさまざまな仕方で結びつくのが確認できる。主体の身体は、身体の外にある享楽という意味合いをもつ対象によって常に癒合されている。体をぴったり寄せたり、

（5）*Ibid.*, p.40
（6）*Ibid.*, p.43–44

できない。（中略）

放擲したりもする、そういう対象との関係をしっかり位置付けることが大事である。ボール、箱、コップ、パソコン、それらの対象が必要不可欠なのである。それは主体から切り離すことはできない。（中略）

自閉症の子供によって示される（通常と）異なる構造により、彼らが必要とあれば人生と引き換えにして、彼らの身体内言語と呼ぶに値する器官として取り出したり取り入れたりする補助的な器官の機能を我々は知ることになる。以上が特筆すべき対象の例で、それら（対象）は我々の文明における靴や手袋、あるいはエプロンや衣服のような身体を覆うものと同様に、それら文明の産物を身にまといつつも身体感覚を持たない主体においては身体縁をなし、しばしば必要に応じてそれを保護する。（中略）

自閉症的な主体にとってそれらの対象は、彼らから剝奪されたまさに皮膚そのものであり、防護服なのである。（中略）。自閉症的主体における、いわば皮膚の剝奪という今や明らかになった困難事は、明快ではあるがケースに応じては厄介な経過をとりうる。しかし、いったん子供がある特異的な対象を選び出してしまえば話は別で、一挙に（治療の）見通しがよくなる。そのような対象の（他の対象からの）分離、選出の瞬間の例として、ルフォールがオルニカールという刊行物の中で書いた症例経過、すなわち狼少年の事例における哺乳瓶の選出とその後の結果を紹介しよう。哺乳瓶という身体外の対象が、主体の身体の周囲を縁取りながら少しずつその輪郭を形成していくのである。したがって、主体によって選ばれたその対象は、最初は身体の外部にあったが、後に身体という枠組みの中に取り入れられ取り込まれていった。(7)」

身体縁の感覚を補強する、いわば皮膚の一部のように機能するこだわりの対象物を介して初めて他者との交流が可能となり、治療の経過とともにこの対象物が社会的要素を次第に帯びて行き、最終的には患者自身が社会の中で主体として機能し始める。その好例を再びエリック・ロランの著書の中から紹介して、本編は幕を閉じる。

（症例3）棒切れ（bâton）に特別なこだわりを示した自閉症の子供。治療者たちによる介入の結果、近所の教会の鐘の舌（battant : bâton とは音韻的に近似している）→教会の鐘の音→鐘の鳴る時間→鐘楼の時計の針→数字（一、二、三……）→一二時間→二四時間→六〇分／時など）と関心の対象が順次移行していき、最終的には算数の修学が可能になった。

（症例4）組織に支えられている胎児を模して、椅子の上に水のいっぱい入った椀を二つ置く自閉症の子供。椀が落下し水が床にこぼれ落ちるたびに患児はパニックを起こし、治療スタッフが患児の脆弱な身体縁の感覚を保護するように抱きしめ、泣き止むのを待つという日常であった。治療が進むにつれて、水でいっぱいの椀は赤いコップに代わり、最終的には文字を書くことによって他者とのコミュニケーションが可能になる万年筆へとこだわりの対象が移行した。治療開始から一二年

（7） *Ibid.*, p.41–42

目には、治療者の大声での叱責に対してもパニックを起こすことはなくなった。このように、筆談によるのみならず、他者の声を受け入れ自らも発声することによってコミュケーションを図ることが可能となり、退院して社会の中に居場所を見出すことが可能となっていった。

（症例テンプル・グランディン）幼少期より自閉症と診断され神経発作に悩まれていた彼女は、自らを動物に同一化し、動物の逆上した、不安気でイライラした目つきに自分のそれを重ね合わせる傾向があった。

一八歳の時に、彼女は動物を観察していて、牛などにワクチンを接種する際に用いる締め付け機から着想を得て、自分の神経発作を抑える装置（hug machine）「締め付け機」を開発した。生来身体縁の感覚が弱かった彼女はこの装置によってそれが補強され、発作を起こすことが顕著に減った。その後この装置は彼女の手を離れ子供の神経発作を抑えるものとして社会に普及し、それとともに彼女自身も社会の中に居場所を見出し、大学で博士号を取得しコロラド大学で畜産学を教えるにまで至った。

エピローグ――日本におけるラカン派精神分析実践の可能性（原発の傍らに）

患者や分析主体の語る言語にのみ着目し、言語に従属した無意識や症状を扱い、各人固有の存在の触知を可能ならしめる精神分析実践。フロイトに始まり、ラカンで洗練の域にまで達したそれは、日本語に住まわれている我々日本人にとっても運用可能なのであろうか。

「とりわけ、日本で理解されるなどということは期待の外です。[1]」

ラカンはまず、言語構造上の理由から、フランス語や英語をはじめとしたインド・ヨーロッパ語圏に住む人種と比較して、日本人は精神分析の運用という点に関して、ハンディを負っていると考えた。具体的に彼は、とりわけ日本語の書字表現における特異性、すなわち音読みと訓読みに着目

（1）ジャック・ラカン「日本の読者に寄せて」、『エクリⅠ』宮本忠雄他訳、弘文堂、一九七二年、二頁。

した。他の言語と異なり、外来語すなわち中国語から文字を借りた日本語においては、一つの表意文字である漢字に対して、本来の中国語読みである音読みと、その文字を日本語に翻訳したものとしての訓読みが割り振られている。この独特の文字使用の結果、日本人の無意識や思考にはどのような特徴が現れるだろうか。

「初めに発話ありきです。しかしそうはいうものの発話というものは、そう長くない期間でも変化しうるものです。（中略）発話は、次第に元の形が分からなくなるほどにまでに変形します、なぜなら発話はそれ（エクリチュール、書字）の効果だからです。エクリチュールとは何でしょうか？ ここで物事をよりはっきりさせる必要があります。いわゆるエクリチュール（書字）というものは、言ってみれば発話に影響を及ぼすものであることは明白で確実であります。[2]」

日本語の書字表記において、本来中国語である漢字を翻訳して訓読みさせるという文字の使用を行っていくうちに、日本人の発話は少しずつその影響を受け、変化していったと考えられる。

「彼らはおよそ読めそうなものは出てくるそばからどれもこれも翻訳してしまいます。そして、彼らはそれをむろん必要としているのです。さもなければ彼らはそんなものを信じないでしょう。こんな工合に、彼らは自分に説明するのです。[3]」

ラカンがこのような意見を日本人に対して持った際、彼の念頭にあったものは、訓読みに表れているような自動翻訳言語としての日本語の特異性である。

自動翻訳言語を、メタ言語と言い換えても良いだろう。日本語書字に翻訳的要素が含まれているということは、無意識のうちに日本人は自らの語る言葉をいったん対象化、メタ化して翻訳していることになるからである。ラカンは、語る存在である人間主体においてはメタ言語は存在しないと言ったが、日本語を母国語とする我々日本人においては事情が異なることとなる。

「本当に語る人間のためには、音読みは訓読みを注釈するのに十分です。お互いを結びつけているペンチは、それらが焼きたてのゴーフルのように新鮮なまま出てくるところをみると、実はそれらが作り上げている人びとの仕合わせなのです。どこの国にしても、それが方言でもなければ、自分の国語のなかで支那語を話すなどという幸運はもちませんし、なによりも――もっと強調すべき点ですが――、それが断え間なく思考から、つまり無意識から言葉への距離を触知可能にするほど未知の国語から文字を借用したなどということはないのです。精神分析のためにたまたま適当とされていた国際的な諸言語のなかから取り出してみせるときには、やっかいな逸脱が

(2) Jacques Lacan, *Le seminaire livre XVIII : D'un discours qui ne serait pas du semblant*, Seuil, Paris, 2006, p.83
(3)「日本の読者に寄せて」、一二頁。

あるかもしれません。[4]」

一種のメタ言語である日本語を母国語とする日本人においてはしたがって、思考、無意識と発話との間に乖離が生じ、その結果発話が脱リビドー化されることになる。ラカンが「精神分析のためにたまたま適当とされていた国際的な諸言語のなかから取り出してみせるときには、やっかいな逸脱」と言うとき、彼は、日本語を語る分析主体における転移の生じにくさのことを指していたのである。

ラカンが日本における フロイト－ラカン的な意味での精神分析の運用に疑問を呈した二番目の理由は、プロローグにも書いたように、母系社会で甘えの精神構造を持っている日本人に対して、エディプス・コンプレックスや去勢の概念を首座に据えた理論と実践が適用されるには困難が伴うと考えたからである。

以上のラカンの予想を裏付けるように、本邦においては現在に至るまで、フロイト－ラカンの精神分析に関しては、理論研究のみで実践応用はほとんどなされていない。その普及しない理由が上に見たようなものであるとするならば、本書で展開された内容はそれに反論できる明るい展望をもたらし得る。まず、メタ言語を母国語とする日本人において、分析セッションにおける転移の生じにくさが問題であると想定されたわけであるが、本書で扱った中心事例は、通常転移が生じない（生じにくい）とされている精神病と自閉症であった。ラカン派精神分析においては、神経症のみならず、精神病や自閉症もその適応となる。

二番目の問題に関しては、エディプス的、一神教的父が日本人の精神構造になじまないとしても、本書で扱ったボロメオ理論はむしろ積極的にその適応になると思われる、七〇年代ポストモダンの幕開けの時代に、ラカンが創出した理論は実は、日本における精神分析の真の可能性を開いてくれる可能性を秘めている。一時はもてはやされた精神分析やラカン理論が、一九八〇年のDSM-Ⅲの出現以降「下火」「時代遅れ」と言われようになって久しい。寄せては返す思想の波の痕跡を、人々はもみ消すことに余念がない。死の欲動というホメオスタシスの状態から覚醒し、人間主体に現実感を取り戻すことを目指すラカン派精神分析実践。全国津々浦々に点在する原発の傍らに、この本の印象がかすかな痕跡を残すことができるとしたら、筆者にとってはこの上ない喜びである。

（4）同書、四頁。

あとがき

ラカンの精神分析実践は、徹底して発話によるそれである。キャビネにおける個々のセッションにおいては、分析主体（患者）にとって欲望・幻想の原因となりうる分析家の声、または眼差しの前で語るうちに生じる転移関係を軸に、精神分析は進んでいくが、分析家は一切記録を取らない。

ラカンの精神分析理論の伝達においても、彼は書字に関しては数式やマテーム、図式のみにとどめ、基本的には彼の身体、声、眼差しの現前、聴衆の彼に対する転移関係を軸にして、専ら発話によって三〇年間セミネールを行ってきた。このスタイルは、ラカンの後継者ジャック゠アラン・ミレールによっても今日まで受け継がれている。これほどまでに、ラカン派精神分析家たちは発話にこだわってきた。この点は、論文や症例記録を克明に残したフロイトとは対照的である。このような事情にあって、本書で扱った患者ジェラールとの対話記録は、現存する中で唯一のラカンの症例記録であり、それだけ重要な事例であったということを物語っている。

フランス、あるいは南米やヨーロッパ各地から精神分析を学ぶべくパリに集結した諸氏は現在、ミレールの講義に出席することはもちろんのこと、ラカンの講義録シリーズであるセミネール（ミレールによる速記録）、エクリ（ラカンの論文集）という書字を手掛かりにして、大学、あるいはカルテル（一人の分析家を囲んで、数名で行う勉強会）でその理論を学んでいくが、同時に彼らはほぼ例外なく分析を受けている。

フロイトは、精神分析家になるためにはまず自分自身が分析を受けなければならない、と明確に規定しているわけであるから、彼らの行動は当然なのではあるが、しかしここにもラカン派の精神分析実践は基本的に発話によってなされるべきものであるという精神が貫かれている。ラカンの身体、声に直接接することができない今日において、セミネールやエクリという書字に頼らざるを得ないという恨みはあるにせよ。

翻って見ると、上記のような事情は、ラカンに興味のある日本の諸氏にとっては不利であることに違いはない。他国に比べても、セミネール、エクリ、ラカンの解説本など、ラカン関連の書字は充実しているにも関わらずラカン派精神分析家はほとんどいないという事態は、ラカン理論の正しい理解という点に関してハンディキャップを負っているといわざるを得ない。ラカンの精神分析は、哲学思想にのみ資するもので、実践には役に立たない等の誤解はその最たるものである。

かくして、研修医時代に臨床的側面からラカンの精神分析に興味を抱いた私は、五年半の精神科医としての経験を経て、二〇〇六年一〇月から五年半パリに留学することになった。当然のことながら私はこの期間中、当初から分析を受け、途中でコントロール（いわゆるスーパービジョン）も開始された。これは帰国した現在も継続中である。

帰国後は二〇一三年四月より、名古屋大学大学院医学系研究科の鈴木國文教授、独立行政法人国立病院機構東尾張病院院長・舟橋龍秀先生のご厚意により、同院で勤務させていただいている。同院は心神喪失者等医療観察法に基づく指定入院病棟も抱えているが、ラカン自身も精神科医としての出発は司法精神医学の分野からであった。

本書で扱った、前期・後期ラカンというくくりは、彼がルドルフ・ルーヴァンスタインの分析を受け、精神分析家として本格的に機能し始めた一九五〇年代以降を想定してのものであったが、一九三〇年、四〇年代、現象学的精神医学に傾倒していた時代のラカンは司法精神医学に関する優れた仕事を多く残している。

とはいえ、現在の日本における医療観察法における治療は、イギリスにおけるそれをモデルにしてるために、精神医学的なアプローチとしては、認知行動療法と薬物療法が二本柱になっており、実際に臨床に携わってみるといろいろなジレンマに直面する。

たとえば本書でも述べたように、ラカン派の臨床においては、妄想というものはマイナスの側面ばかりではなく、鏡像段階以前の状態への退行を防ぎ人格レベルの維持に役立ちうるプラスの面もあると考えられているが、認知行動療法においては妄想が巧妙にも認知のゆがみという言葉にすり替えられ、それらはすべて矯正の対象とされてしまう。事件を起こして入院してきた患者を社会復帰させるというのが医療観察法の眼目らしいが、これでは実質的に懲罰的介入という意味合いしか持ちえなくなってしまう。触法精神病患者はさらなる自傷・他害行為へと誘導され、社会復帰への芽は完全に断ち切られてしまうだろう。

科学（五感をも超えた世界を含めて、それらを数式という書字に還元した言説）万能主義が跳梁跋扈する現代の、しかもフランスに比べて相対的に発話より書字が尊ばれる日本において、ラカン派精神分析の言説が今後どのように受容されうるのだろうか？　人々が携帯やインターネット上で書字によって、直接会ったことのない人との交流、交際に余念のない日本、その一方でパリに比べてはるかに人口の多い大都会東京を不気味な沈黙が覆う日本において、ラカン派精神分析は今後どのようにその機能を果たしうるであろうか？

昨今流行った「今でしょ！」ならぬ「今だけでしょ！」と思わず叫びたくなるような状況、すなわち一部の倒錯者たちが目先の利潤、フェティシズムとしてのマネーにこだわるあまり、奸計詭弁を弄し、他人や後の世代に様々なツケを押し付ける傾向が目に余り、「恥の文化」から「恥知らずな文明」に変化しつつある日本社会に対して、ラカン派精神分析の言説はいかにして戦いを挑むことができるであろうか？

本書はジェラールとラカンの対話を、一種の戯曲のように見立てて構成した。精神分析場面では、分析主体は自身の語る文脈において一時的に多かれ少なかれヒステリー化・役者化することが知られており、それがゆえに分析セッションは一種の演劇空間とも見做されうるのであるが、そのことが私の念頭にあったものである。俳優は、他人や架空の人物を演じることが、その人生となる。精神分析家や精神科医は、分析主体や患者の人生に頭を悩ますことが、その人生となる。共通するところが多い両者ではあるがしかし、事実は小説よりも奇なり、ある程度日々の臨床を積み重ねてきた私の精神分析家、精神科医としての人生において、この言葉が真実であることをますます確信するようになった。

予想を上回るような患者の人生に出会った際に困惑と同時に感じる驚き、感動が、必ずしも荷の軽い仕事とは言えない本職を務める上での推進力になっていると思う。しかし、原動力があるとすればそれは、パリ留学中から受け続けている精神分析によって、自分の人生そのものを見つめ直したことをおいて他にはない。

本書で扱った、ジェラールとラカンの対話記録、および彼のサンタンヌ病院での主治医であったツェルマク医師によりまとめられた病歴の記録は、ＥＣＦの図書館に所蔵されていたものであり、それの日本語への翻訳、出版については、ジャック゠アラン・ミレールから快諾を得たものである。

なお、この対話記録は英語版では、シュナイダーマンによる編著（"*How Lacan's Ideas Are Used in Clinical Practice*", Stuart Schneiderman, 1993, Jason Aronson Inc.）で、仏語版ではツェルマク医師本人による著書（"*Patronymies Considérations cliniques sur les psychoses*", Marcel Czermak, 2012, Éditions érès）の中ですでに紹介されているが、日本語版では本書によって初めて公の目に触れることになった。

また本書の出版に先立って、二〇一二年二月、東京大学・共生のための国際哲学研究センター主催の研究会に東京大学大学院総合文化研究科の原和之准教授からお招きいただき、そこでジェラールとラカンの対話記録を発表させていただいた。当日参加された方々からいただいた貴重な意見は、私の中で反芻し本書に反映させていただいた。

最後に人文書院の松岡隆浩氏には、パリで私の分析とコントロールを担当していただいているエリック・ロラン（ジャック＝アラン・ミレールと一九八一年にECFを立ち上げた人物）が二〇一二年一〇月に京都大学に招聘された（主催：立木康介・京都大学人文科学研究所准教授、大山泰宏・京都大学大学院教育学研究科准教授）際に初めてお目にかかり、その時に本の構想をお話しし、以来一貫して本書の出版に尽力していただいた。末筆ながら謝辞を述べさせていただきたいと思う。

役者たちはすでに去った。著者もそろそろ自らのモノローグに終止符を打ちたいと思う。

二〇一四年六月　名古屋にて

小林　芳樹

略歴

小林芳樹（こばやし　よしき）

1973年生まれ。2000年、京都府立医科大学卒業。2006年10月～2011年12月、フランス政府給費留学生としてパリ第８大学精神分析学科大学院に留学、同学科修士号取得。2013年４月より、独立行政法人国立病院機構東尾張病院勤務。

主な業績

「フランスにおけるHikikomori概念」（阿部又一郎との共著、『精神科治療学』第25巻９号、2010年９月、星和書店）

「「普通精神病」の指し示すもの」（『精神科治療学』第27巻４号、2012年４月、星和書店）

『精神分析の名著』（立木康介編、中公新書、2012年、「サントーム」の稿を担当執筆）

ISBN978-4-409-33051-7 C3011

ラカン　患者との対話
症例ジェラール、エディプスを超えて

二〇一四年九月一〇日　初版第一刷印刷
二〇一四年九月二〇日　初版第一刷発行

編訳者　小林芳樹
発行者　渡辺博史
発行所　人文書院
〒六一二-八四四七
京都市伏見区竹田西内畑町九
電話〇七五（六〇三）一三四四
振替〇一〇〇〇-八-一一〇三
印刷　亜細亜印刷株式会社
製本　坂井製本所
装丁　間村俊一

http：//www.jimbunshoin.co.jp/